智慧图书馆与阅读推广工作研究

乔幸娟 刘娟 王倩 著

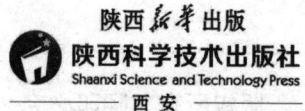

图书在版编目(CIP)数据

智慧图书馆与阅读推广工作研究 / 乔幸娟,刘娟,王倩著. -- 西安 : 陕西科学技术出版社, 2024. 12.
ISBN 978-7-5369-9123-1

Ⅰ. G250.76

中国国家版本馆CIP数据核字第20257SR691号

ZHIHUI TUSHUGUAN YU YUEDU TUIGUANG GONGZUO YANJIU

智慧图书馆与阅读推广工作研究

乔幸娟　刘　娟　王　倩　著

责任编辑	郭　勇　赵　冰
封面设计	卫晨亮
出 版 者	陕西科学技术出版社 西安市曲江新区登高路1388号陕西新华出版传媒产业大厦B座 电话 (029) 81205187　传真 (029) 81205155　邮编710061 http://www.snstp.com
发 行 者	陕西科学技术出版社
电　　话	(029) 81205180　81205190
印　　刷	北京四海锦诚印刷技术有限公司
规　　格	720mm×1000mm　16开本
印　　张	13
字　　数	205千字
版　　次	2024年12月第1版
印　　次	2025年1月第1次印刷
书　　号	ISBN 978-7-5369-9123-1
定　　价	68.00元

版权所有　翻印必究

前言

　　智慧图书馆是指把智能技术运用到图书馆建设中而形成的一种智能化建筑，是智能建筑与高度自动化管理的数字图书馆的有机结合和创新。智慧图书馆是一个不受空间限制的、但同时能够被切实的感知的一种概念。有人曾经说过智慧图书馆将通过物联网实现智慧化的服务和管理，其实还包括云计算、智慧化的一些设备，通过这些来改造我们传统意义上的图书馆。在全民阅读大背景下，智慧图书馆在全民阅读推广中发挥的作用越来越大。党的十九大之后，国家出台的第一部文化方面的法律，旨在进一步促进智慧图书馆事业发展，引领并带动全民阅读发展。在这种背景下，智慧图书馆在阅读推广上的创新就显得尤为重要。

　　智慧图书馆的特点有三个：一是知识共享性，建立在智能性基础上的智慧图书馆，其拥有数字化、网络化和智能化的外部特征。通过互联网技术将各种具有独立性的文献信息与读者、管理人员等进行互联，将所有的信息进行串联实现读者与管理、前后台的相互智能连接，实现知识的共享，才是智慧图书馆的最终目的；二是服务高效性，面对日益发展的社会形势，纸质图书馆的管理存在着一系列的问题，尤其是在服务的效率上。高效、便捷、灵敏以及整合的图书馆是数字化和智能化发展中的对图书馆提出的新要求。三是使用便利性，智慧图书馆是建立在以人为本的公益惠民的理念之下的，让每一位读者都能获得同一空间的阅读学习解决方案，享受智慧图书馆带来的便利性和方便性。智慧图书馆的功能，是与智慧图书馆的定义和特点密不可分的。智慧图书馆的功能，主要分为以下几个方面：一是图书馆管理的功能，智慧图书馆能提供一种全新的智慧化的管理模式；二是图书馆的服务功能，智慧图书馆的服务模式是智能化、泛在化和个性化的；三是图书馆的空间的智慧化，智慧化的馆舍空间为智慧图书馆提供必要的物理承载。

　　大力推广"全民阅读"活动，是贯彻落实党的十六大关于建设学习型社会要求的一项重要举措。这是因为阅读不但是人类汲取知识、提高自我能力的根本途径和源泉，更是人类传承文明、交流经验的重要手段和方式。然而随着信息技术的快速发展，数字化的文献载体层出不穷，越来越多的人们开始倾向于数字化的网络阅读方式。但现代数字化的阅读方式具有明显的片面性、随意性、休闲性、娱乐性及功利性等特点，在很大程度上制约着人们的阅读效率。如何在新的数字阅读环境下，采取更加有效的阅读推广营销策略，最大限度地激发大众阅读兴趣、培养大众阅读习惯、提升大众阅读水平，成为当前图书馆阅读推广所需亟待解决的重要问题。

本书的章节布局，共分为七章。第一章是智慧图书馆概述，介绍了智慧图书馆的界定架构与运行以及资源建设；第二章对阅读推广基础理论做了相对详尽的介绍，介绍了阅读推广的基础理论和图书馆阅读推广服务的概念与理念；第三章是阅读推广及其发展趋势，介绍了阅读推广工作的主要形式和未来发展方向；第四章是智慧图书馆服务模式探索与建设，介绍了智慧图书馆视角下的大学图书馆阅读推广模式和我国公共图书馆阅读推广模式的创新研究；第五章是智慧图书馆的阅读推广活动，介绍了儿童、青少年、老年人以及残障读者的阅读推广活动研究；第六章是公共图书馆阅读推广准备与策划，介绍了公共图书馆阅读推广概述、活动准备以及活动策划；第七章是智慧公共图书馆阅读推广创新探索，本章介绍了区域读书馆阅读推广、利用新媒介促进图书馆阅读推广以及阅读立法中的公共图书馆阅读推广等。

本书在撰写过程中，参考、借鉴了大量著作与部分学者的理论研究成果，在此一一表示感谢。由于作者精力有限，加之行文仓促，书中难免存在疏漏与不足之处，望各位专家学者与广大读者批评指正，以使本书更加完善。

本书由乔幸娟、刘娟、王倩撰写，陈贤美、常笑、郝瑞芳对整理本书书稿亦有贡献。

目录

第一章 智慧图书馆概述 ... 1
- 第一节 智慧图书馆的界定 ... 1
- 第二节 智慧图书馆的架构与运行 ... 8
- 第三节 智慧图书馆的资源建设 ... 17

第二章 阅读推广基础理论 ... 25
- 第一节 阅读推广的基础理论 ... 25
- 第二节 图书馆阅读推广服务的概念与理念 ... 48

第三章 阅读推广及其发展趋势 ... 55
- 第一节 阅读推广工作的主要形式 ... 55
- 第二节 阅读推广工作的发展趋势 ... 71

第四章 智慧图书馆服务模式探索与建设 ... 79
- 第一节 智慧图书馆视角下的公共图书馆阅读推广模式 ... 79
- 第二节 我国公共图书馆阅读推广模式的创新研究 ... 100

第五章 智慧图书馆的阅读推广活动 ... 122
- 第一节 智慧图书馆阅读推广概述 ... 122
- 第二节 智慧图书馆儿童阅读推广活动研究 ... 125
- 第三节 智慧图书馆青少年阅读推广活动研究 ... 136
- 第四节 智慧图书馆老年人阅读推广服务研究 ... 140
- 第五节 智慧图书馆残障读者阅读推广服务研究 ... 144

第六章 公共图书馆阅读推广准备与策划 ... 154
- 第一节 公共图书馆阅读推广概述 ... 154
- 第二节 公共图书馆阅读推广活动准备 ... 159
- 第三节 公共图书馆阅读推广活动策划 ... 167

第七章 智慧公共图书馆阅读推广创新探索 ... 175
- 第一节 区域图书馆阅读推广 ... 175

第二节　利用新媒介促进图书馆阅读推广 …………………… 183
第三节　阅读立法中的公共图书馆阅读推广 ………………… 187
第四节　"互联网+"时代公共图书馆阅读推广 ……………… 191
参考文献 ……………………………………………………………… 199

第一章 智慧图书馆概述

第一节 智慧图书馆的界定

一、智慧图书馆的概念

关于智慧图书馆的概念,国内学者目前还没有统一的定义,他们从各自的研究出发,分别给出了不同的定义。如,从智能建筑的角度:智慧图书馆是把智能技术运用在图书馆建设之中形成的一种现代化建筑,是智能建筑与高度自动化管理的数字图书馆的有机结合和创新。从感知计算的角度:智慧图书馆=图书馆+物联网+云计算+智慧化设备,通过物联网来实现智慧化的服务和管理。从数字图书馆服务的角度:充分利用ICT技术,不仅可能实现各种信息的电算化,还可远程进行阅览图书等资料、预约座位等操作的数字图书馆。

这些定义在一定程度上丰富和完善了智慧图书馆的理论基础,但它们大部分集中在智能技术、智慧服务以及智能建筑领域,具有一定的局限性。智慧图书馆是以高质量的信息资源为核心,通过高素质馆员的支撑与用户的协同感知,借助高科技手段和智慧化建筑,实现对数字图书馆和个性化的信息、知识服务的提升和推动,它是数字图书馆发展的更高阶段,是集资源、技术、人才、服务、建筑为一体的智慧化集合体。

二、智慧图书馆的特点

(一)智慧图书馆具有便利性

智慧图书馆通过互联互通的网络,为馆员管理图书馆,用户使用图书馆,以及馆员和用户的学习和生活带来了巨大的变化。

1. 便利性体现在智慧图书馆的无线泛在

泛在城市和无线城市给无线泛在的图书馆创造了良好的信息环境。而中国的电信事业发展在为智慧图书馆的发展提供保障的同时，也对我国城乡居民的工作和生活产生了深远影响，移动支付、新一代电子商务、新媒体、生活娱乐、泛在式的信息服务等被越来越多的人使用，给人们带来的变化几乎深入各个领域。而通过利用有线和无线网络，可以使图书馆真正实现泛在化，用户可以在手机和PAD等移动终端上进行借阅图书、阅读文献、点座位、与同学交流经验和使用视听资源等活动。

2. 便利性体现在对智慧网书馆的一体化使用

智慧图书馆的精髓就是以人为本，以用户为中心，一切从用户的角度出发来提供服务。智慧图书馆的一体化使用既体现在用户可以到图书馆来，利用物理的图书馆，包括各种设备工具来满足其需求，如借阅、参考咨询、知识共享、小组讨论、丰富课余文化生活的视听活动等。同时，智慧图书馆的一体化还体现在它的另一个形态——移动图书馆，用户可以在手机或PAD等终端设备上无障碍、便捷地使用智慧图书馆。例如，重庆图书馆的手机图书馆功能包括了丰富的内容，如书目查询、我的图书馆、重图新闻、重图电子书、入馆指南、读者互动、阅读通、讲座预告、使用说明等。中国国家图书馆的"掌上国图"则以其独特丰富的内容形成了服务的特色。移动通信在图书馆中的广泛应用，使21世纪初提出的"我的图书馆"的创新理念真正落到了实处。

3. 便利性还体现在智慧图书馆的个性化程度更高

进入21世纪以来，世界各地的图书馆的服务理念都发生了深刻变革，尤其是在我国，从以管理为中心到以服务为中心，从以前的被动服务到现在提倡主动服务，从重视资源建设和馆藏建设到服务与建设并重，从提供固化的、程式化的服务到提供专业的、个性化的服务。可以明显看到的是，智慧图书馆比以往的图书馆理念的个性化服务意识有了质的飞跃，同时，智慧图书馆也强调与用户互动，它提供的服务是智慧化的、交互性强的个性化服务。

(二) 智慧图书馆具有互联性

智慧图书馆的技术具有数字化、网络化和智慧化的特点，智慧图书馆的互联体现在三个方面：全面感知、立体互联和深度协同。

1. 智慧图书馆的互联性体现在智慧图书馆是全面感知的图书馆

智慧图书馆通过各种传感器，使图书馆有了"皮肤"，可以感觉到外部的变化。将传感器部署在设备终端或馆内一些需要感知的环境中，可以获取想要得到的数据。例如，温湿度传感器可以用于对机房的监控和预警、射频识别（Radio Frequency Identification，RFID）感应系统可用于图书和文献的感知等。目前通过物联网连接的传感器涉及范围非常广泛，包括：手机、电脑、射频识别装置、红外感应器、全球定位系统、激光扫描器等。再例如，美国华盛顿州西雅图市图书馆在多媒体文献全面感知的基础上实现了读者服务的实时数据显示管理，图书、DVD、CD等各类文献的读者实时服务数据通过大屏幕的分类显示一目了然。挪威国家图书馆的汽车图书馆也是在信息全面互联感知的基础上实现了汽车图书馆内外人的互动以及文献借阅和音乐欣赏等多样化服务。

2. 智慧图书馆的互联性体现在智慧图书馆是立体互联的图书馆

立体互联即全面的互联，包括图书馆物理空间的互联，楼与楼之间、层与层之间、区域与区域之间、房间与房间之间、桌与桌之间、计算机与计算机之间、屏幕与屏幕之间、馆藏与借阅之间等的相连，以及网络与网络之间、馆与馆之间、书库与书库之间、图书与图书之间、人与物之间等的相连；图书馆服务主体馆员之间、服务客体读者之间的互联，主体馆员与客体读者间的人与人、人与机器的互联、三网融合（电信网、广播电视网、互联网）的互联；图书馆跨行业、跨部门、跨城区或跨国界的互联。这些主体的立体式互联使得图书馆成为一个有机融合的整体，从而保证了图书馆服务的深度和质量。

3. 智慧图书馆的互联性体现在智慧图书馆是深度协同的图书馆

智慧图书馆的深度协同体现在馆员与设备工具的协同、馆员与用户的协同、用户与设备工具的协同、信息技术与所有智慧图书馆的主体的协同，以及图书馆与其他馆或信息机构的协同。现代社会，图书馆的信息共享尤为重要，它不但能使各馆之间互通有无，而且能够提高资源使用效率，使图书馆的作用最大化。而这些协同的实现必须要有一定的机制，用以规范协同系统内各组成单元的关系，同时维持协同系统的正常运转。例如，在各图书馆之间可以创建个人诚信信息系统，各个图书馆的读者诚信记录可以实现同城联网、全省联网乃至全国联网，这就需要运用智慧图书馆建设的协同理念，在信息技术的支持下创建图书馆诚信协同机制，并逐步建立起图书馆读者诚信网。

（三）智慧图书馆具有高效性

智慧图书馆的高效性不但体现在管理的高效，还体现在服务的高效和资源配置的高效上。

1. 智慧图书馆是高效管理的图书馆

"图书馆管理"，是指图书馆的主管者，通过计划、决策、组织、领导、控制和创新等职能来协调工作人员的行为，以达到图书馆预期目标的活动过程。智慧图书馆就是要使管理科学化，使馆内各组成部分高效运转，如促进设备工具的高效使用，提高馆员的工作效率，提高管理者决策效率，提高图书馆整体的创新能力。高效的管理就是要提高图书馆反应的即时性和适时性，使图书馆复杂的神经系统在面临千变万化的动态发展情况下能够做到"耳聪目明"并快速反应，借以提高图书馆管理的灵敏度。例如，通过智能技术的物联网，可以实时监控电梯运行，让每台电梯自己成为"安全员"，使电梯运行故障及时得到发现并处置。

2. 智慧图书馆是高效服务的图书馆

在现代社会，用户的服务需求越来越向着高、精、深方向发展，对图书馆的要求也越来越高。智慧图书馆的高效服务，一方面体现在馆员根据用户的服务需求，通过现代化的技术手段，提供最符合要求的信息资源，必要时，还要根据用户深层次的需求提供更专业的服务，如情报服务、知识服务等。另一方面体现在图书馆要形成一个集群，利用整体的力量来满足用户个性化的服务需求。例如，"同城一卡通"是21世纪以来图书馆整合集群的典型案例，这种突破行政区划和城市中的分级财政而实现的跨区域的全城（乡）一卡通，使图书馆公共文化服务体系实现了质的飞跃，使原本一个个独立的图书馆资源整合为集群共享的图书馆，使图书馆的设施资源、文献资源以及人力资源的效能走向了最优化。

3.智慧图书馆是资源优化配置的图书馆

绿色发展是当今时代的主题，也是智慧图书馆的灵魂。图书馆的资源优化配置的核心就是提倡图书馆的绿色发展，而低碳环保又是图书馆绿色发展的核心。这就需要馆员转变工作方式，提高绿色发展理念，从点滴做起。

三、智慧图书馆的功能

(一) 智慧图书馆的"智慧管理"功能

"物联网（Interenet of Things）是指通过射频识别（RFID）技术、传感器技术、智能嵌入技术、全球定位系统、激光扫描器等信息设备，按约定协议将任何物品与互联网连接以进行物品标识、感知信息处理、交换和通信，实现对物品及物物之间智能化识别、定位、跟踪、监控和管理的一种网络"。简单地说，物联网就是"物与物相连的网络"或叫"物体的互联网"。智慧图书馆的智慧管理功能主要是通过物联网实现的，智慧管理又分为对人的管理、对图书的管理、对资产的管理等方面。

1.对人的智慧管理

包括对图书馆馆员的管理和对用户的管理，对人员的管理主要是通过身份识别技术来管理。例如，图书馆馆员和用户均需要办理一张存有个人信息的一卡通卡片(卡片也可以内置到手机中)。此卡集多种功能为一体，如图书馆借阅及占座、校园消费、教学楼和宿舍门禁系统等。图书馆在门禁处安装感应器或接收器，此装置与校园卡管理系统和图书馆管理系统相连接，馆员或用户需携带一卡通卡片(或有内置一卡通信息的手机)靠近门禁处，接收器就会自动识别并开启门禁，同时系统会记录人员信息情况，并将数据传送到图书馆管理系统中。图书馆管理系统可以自动生成进出馆人员信息报表，并统计出各类人员每天进出馆的次数和具体时间。由于在馆中装有足够数量的接收器，各类人员进出馆和在馆中的流动情况可以很方便地从系统中查出。此系统非常便于对图书馆人员管理，并积累详细数据以供图书馆管理层和馆员利用。

2.对图书的智慧管理

对图书的智慧管理主要依靠植入芯片技术和无线射频识别技术（RFID）

来实现。例如，以往图书都是依据图书馆分类法，依靠人工来进行分类排架、查找等管理工作，由于高校师生人数较多，用户借阅图书量大，所以图书馆员每天或很低的频次就需要对书架进行整理，这对图书借阅部门的馆员来说是一项比较重的负担，同时也使得图书流通效率降低。而依靠芯片技术和 RFID 技术，图书馆馆员可以将来自不同出版社的图书的基本信息植入芯片中，通过此芯片可以进行智能化管理。同时此项技术可以带来很大便利，一是植入芯片可以省去繁杂的图书信息编辑工作；二是清点图书也变得非常简单，只需要用扫描设备在书架上依次扫过，所有书目信息一目了然，通过此项技术，以往需要相当长时间的清点工作现在只需很短时间就能完成；三是方便用户查找所需书籍，以往用户借阅图书需要先查该书的索书号，再去相应的书架找书，利用 RFID 技术，用户可以手持扫描设备很快找到所需的图书；四是图书馆馆员和用户可以便捷地查询相关书籍的基础信息、馆藏书目数据、借阅数据及图书当前所在书架的具体位置；五是方便馆员顺架和将图书归位，开放式借阅使得图书的顺序比较混乱，馆员需定期对书架进行整理，在智慧图书馆中只需在阅读器中输入要检查的号码段或要找的书名等，然后沿着书架依次扫描，一旦发现排架错误或找到所要的书刊时，立刻声光报警，这使得查找工作变得非常方便，而且能显著降低错架乱架率。在不影响正常工作下，完成顺架工作，减少失误，大大提高书刊整架归位的速度。

3. 对图书馆资产的智能管理

图书馆资产多、门类杂，管理难度大，图书馆资产流失情况在以前偶有发生。如果将图书馆资产都植入芯片，并在门禁处设置电子识别器，依靠管理系统，可以防止图书馆资产的流失；若再加上网络视频监控系统，图书馆就可以有效管控国有资产，防止图书馆的固定资产和图书的流失。

(二) 智慧图书馆的智慧服务功能

智慧图书馆的智慧服务又分为一般性服务和深度服务，一般性服务是指图书馆的基础服务，如借还书服务，空间服务（教师和学生利用图书馆空间来学习和研讨等）等；深度服务是指图书馆馆员利用所学的专业知识，结合用户的需求提供的更深层次服务，一般包括知识服务、高级参考咨询服务和情报服务等。

智慧服务的一般性服务一般包括借还书服务和空间服务。

1. 智慧性的借还书服务

传统的图书借还服务主要依靠人工来完成，即读者到借阅部门借书或还书。通过智慧图书馆，可以实现自助借还图书。例如，通过自助借还系统，读者将自己的借书证和需借阅的图书放在自助借还机相应的感应区上，系统就会进行自动识别和扫描处理，通过与图书馆自动化借阅系统连接，确认后即完成借书。与借书系统一样，读者也可自主还书，操作完成后打印还书凭条，系统自动获取馆藏信息，通知中心系统更新图书信息及读者信息。采用自助借还机可以实现多本图书同时进行借还操作的功能，而且24小时不间断服务，从而增强流通速率，简化借阅流程，方便了读者，减少了工作人员的工作量，进而提升图书馆的工作效率和服务品质。

2. 智慧性的空间服务

空间服务主要集中于图书馆的阅览室和部分图书馆设有的自习室，对于图书馆空间的管理主要依靠引入智能占座系统。例如，某智能占座系统的操作过程：读者只要将智能卡放在刷卡区，屏幕上便会跳出"常坐座位"和"本次选位"两个选项。选好座位后，如果需要打印，机器便打印出一张标明座位代码、所在位置、学生卡卡号等信息的座位票。学生离馆时，再重新刷卡，如果选择"暂离"，系统会保留座位45分钟（可设定）。如果选择"本次离开"，系统将自动释放该座位。近两年来，随着4G网络的发展，图书馆占座系统也可以实现手机操作功能，用户利用手机可以实现在终端机上的所有操作，足不出户便可以实现选座功能，同时，此系统还可以自行设置规则，防止出现漏洞或其他不符合规范的行为。在方便了图书馆管理的同时又最大限度地便利了用户使用图书馆空间。

(三) 智慧图书馆的空间智慧化

智慧化空间就是图书馆利用技术手段和设备来管理空间，以达到空间最优效果。智慧图书馆的空间智慧化核心是智能楼宇系统在智慧图书馆中的应用。何谓智能楼宇？日本电机工业协会楼宇智能化分会把智能化楼宇定义为：综合计算机、信息通信等方面的最先进技术，使建筑物内的电力、空调、照明、防灾、防盗、运输设备等协调工作，实现建筑物自动化（BA）、通信自动化（CA）、办公自动化（OA）、安全保卫自动化系统（SAS）和消防自动化系统（FAS），将这5种功能结合起来的建筑也称为SA建筑，外加结构化综合布线系统（SCS），结构化综合网络系统（SNS），智能楼宇综合信息管理自动化系统（MAS）组成，就是智能化楼宇。楼宇智能化系统一般包括以下系统：综合布线系统、计算机网络系统、电话系统、有线电视及卫星电视系统、安防监控系统、一卡通系统、广播告示系统、楼宇自控系统、酒店管理系统、物业管理系统、智能楼宇管理系统（集控平台）及数据中心机房建设等。由于一般图书馆没有酒店管理、物业管理等功能，智慧图书馆的楼宇控制系统也会有选择地建设一些子系统以支撑楼宇管理功能的实现。

智能图书馆的智慧化空间主要体现在几个方面：一是通过网络视频监控，实现对图书馆空间的智慧管理；二是通过声光电和温度湿度控制系统，设置相应的传感器、行程开关、光电控制等，对设备的工作状态进行检测，并通过线路返回控制机房的中心计算机，由计算机得出分析结果，实现对图书馆的声光电和温度湿度进行监测和调控；三是图书馆大门也可以实现自动定时开关；四是利用综合布线系统可以提供整个馆舍内无死角的网络覆盖；五是智能广播系统可用于播放背景音乐、通知和应急广播，告示系统用于视频信息发布，在门厅、大堂、电梯间等地配置告示屏，播放宣传材料、广告和公告信息等；六是智慧化消防，它具备火灾初期自动报警功能，并在消防中心的报警器上附有直接通往消防部门的电话、自动灭火控制柜、热烟感应系统、火警广播系统等，可有效防止火灾发生；七是智能身份识别系统，该系统主要依靠一卡通系统来实现。

第二节　智慧图书馆的架构与运行

一、智慧图书馆的基本架构

公共图书馆的的框架可分为技术层、系统层、数据层、资源层、感知层、应用层和服务层。具体分析如下。

(一) 系统层

1. 技术层

为智慧图书馆提供技术支持，是组成系统层的技术来源。主要包括互联网技术、物联网技术、云计算技术、大数据技术、资源整合技术、社交网络技术和移动通信技术。

2. 系统层

为智慧图书馆各类应用提供基础支撑的保障系统，所有的应用服务均需通过系统层来实现。主要包括数据管理层、数据分析层、统一认证系统、移动图书馆、信息共享系统和数据库系统。

3. 感知层

为智慧图书馆运行提供基础数据采集和环境感知，主要包括 RFID 感知、二维码认证、声音感知、光度感知、温度感知、湿度感知、烟雾感知和智能定位。感知层是智慧图书馆的"神经系统"，能够及时地反馈外界数据，以帮助智慧图书馆及时地根据外界变化而做出反应。

(二) 资源层

为智慧图书馆提供内容资源，是组成智慧图书馆的"血液和肌肉"。

1. 数据层

数据层提供智慧图书馆所需的各种数据，包括原生数据（图书馆原有的或购买的数据）和再生数据（图书馆各个主体在使用图书馆过程中产生的数据），主要有馆藏结构化数据、馆藏非结构数据、馆外资源数据、用户行为数据、管理行为数据和感知系统数据。

2. 资源层

资源层提供用户所需的各种资源，这是智慧图书馆信息资源的主体。包括馆藏印本资源、馆藏数字资源、数据库资源、馆外信息资源、多媒体资源和数据资源(学术数据资源)。

(三) 应用服务层

应用服务层主要面向图书馆的管理和应用主体，它是实现智慧图书馆价值的最主要的平台。

（1）应用层是智慧图书馆各项应用的承载系统，智慧图书馆的价值主要靠应用层来实现。包括智慧感知系统、智慧资源系统、智慧管理系统、智慧学习系统、智慧馆员系统、智慧社交系统和智慧服务系统。

（2）服务层是智慧图书馆的终端，即智慧图书馆的核心价值所在。主要包括两方面：一是参与主体，主要有图书馆馆员、图书馆管理者、校内用户、校外用户和合作客户；二是服务平台和终端，主要包括内网平台、互联网平台、移动应用平台和智能显示平台。图书馆虽然是公益机构，但现代图书馆也有一些面向用户深度需求的服务，特别是面向系统外用户的深度知识服务，因此，智慧图书馆也会有合作客户。

二、构成智慧图书馆的核心要素

所谓核心要素，是指构成某一事物必不可少的部分、方面或单位。根据智慧图书馆的概念、性质和功能，构成智慧图书馆的核心要素有馆员、资源、服务、技术和建筑。

（一）馆员

智慧图书馆的馆员是智慧图书馆服务的主体，是图书馆活动的主要执行者，图书馆的资源建设、参考咨询、流通阅览、学科服务、技术保障等工作环节都需要由馆员来完成，馆员在智慧图书馆中处于中心环节。

（二）资源

资源是图书馆的最主要的内容，是图书馆服务开展的基础。智慧图书馆的资源应包含传统图书馆的资源如印本资源，还应包括数字化资源、多媒体资源、数据资源等。

（三）服务

服务是图书馆工作的主要部分，是图书馆存在的根本价值，为用户提供服务是智慧图书馆最重要的工作。智慧图书馆的服务主要包括：借阅服务、参考咨询服务、用户驱动的获取与服务、学科化服务和情报研究服务等。

(四) 技术

技术是智慧图书馆的基础，是支撑智慧图书馆各个系统的"灵魂"。智慧图书馆的技术主要包括：物联网技术、互联网技术、云计算技术、大数据技术、社交网络技术、移动通信技术等。

(五) 建筑

建筑是智慧图书馆的物理载体，它为智慧图书馆馆员提供工作场所，为智慧图书馆资源提供馆藏空间，为智慧图书馆服务提供服务场地，为智慧图书馆系统和技术提供物理设备存放地。没有建筑，智慧图书馆就如同"无源之水，无本之木"。

三、智慧图书馆应用系统建设

应用系统是图书馆的窗口，是直接面向一线服务的平台，是满足智慧图书馆参与主体的应用需求和支撑智慧图书馆各项业务开展的重要保障。智慧图书馆的应用系统应当传承数字图书馆、虚拟图书馆等原有的系统，又应当在技术创新和服务创新的基础上发展新系统、新模式。

(一) 智慧感知系统

智慧感知系统是智慧图书馆的基础应用系统，通过各种感知手段获得各种感知数据，并应用于实际业务的运作。它又包括图书馆运行状态感知系统和智慧环境感知系统。

1. 图书馆运行状态感知系统

利用电子显示屏、感应器、电子摄像头和互联网、移动通信网络等软硬件设备，来实时监控图书馆运行情况，并及时传递和接收信息，主要包括图书馆人流量信息、读者到馆信息、图书期刊借还信息等，系统能够根据一定时间内用户使用图书馆资源和服务的信息，及时计算并做出反应，方便图书馆进行资源建设和读者服务工作的调整。

2. 智慧环境感知系统

主要是利用物联网技术对图书馆各个功能空间以及图书馆分馆馆舍空间

进行实时的环境监控和感知。包括对光照、温度、湿度、烟雾、声音等进行监测,及时返回数据,以供图书馆管理中控系统及时对环境变化做出应对。

光度感知要及时掌握馆内各个空间日光照射情况,并根据需要调整光线进入的多少。温度感知要动态掌握各阅览室、各馆藏室的温度状况,根据需要调整温度值。湿度感知主要对一些特殊的馆藏物进行湿度监控,以便对湿度进行必要的控制。烟雾感知要对敏感区域以及重要馆藏场所进行实时感知,以便及时发现火灾隐患,将火灾事故消灭在萌芽状态。声音感知是为了及时获得环境噪声参数,对出现异常情况进行必要干预。

通过智慧图书馆的智慧环境感知系统,可以实现对图书馆的电、水等资源进行智能控制,能够根据光照、室内外温度、人员密集程度等情况自动进行调节和控制,达到节能降耗的目标。同时,通过图书馆运行状态感知系统,可以有效控制威胁图书馆安全的事件的发生,同时达到了智能安防的效果。

(二)智慧资源系统

智慧资源系统是智慧图书馆存在的根本,是智慧图书馆的最重要的内容。它包括4个子系统。

1. 知识发现系统

知识发现(Knowledge Discovery in Database, KDD)是从各种媒体表示的信息中,根据不同的需求获得知识,目的是向使用者屏蔽原始数据的烦琐细节,从原始数据中提炼出有意义的、简洁的知识,直接向使用者报告。知识发现系统主要是利用数据仓储、资源整合、知识挖掘、数据分析、文献计量学模型等相关技术,用以解决复杂异构数据库群的集成整合,实现高效、精准、统一的学术资源搜索,进而通过分面聚类、引文分析、知识关联分析等实现高价值学术文献发现、纵横结合的深度知识挖掘、可视化的全方位知识关联弱。

2. 数字资源定位系统

利用数字资源借阅终端,用户可以方便地查询各类数字资源的分布状况,并可按需要使用各类数字资源。

3. 统一检索系统

统一检索系统的建设目的是打造新的检索平台,从而为读者提供强大、便捷和个性化的服务平台，构筑具有高用户黏性的个性化图书馆。这一系统应具有以下五个方面的功能特点：与互联网账户的无缝对接，支持微博、QQ、微信等账号登录；与书评网/网上书店的互联互通；个性化的借阅排行和新书推荐；提供读者推荐的绿色通道；简单实用的期刊目次推送。

4. 特色资源管理系统

结合图书馆所拥有的各类特色资源进行分类管理，并进行数字化加工处理，形成管理规范、分类科学、查询方便的特色资源服务体系，并通过云服务平台提供资源对接服务。特色资源以反映当地历史、文化、教育、科技等特色的各类资源为主，通过搭建资源共享平台，促进特色资源得到更好的传播和共享。

(三) 智慧管理系统

智慧管理系统的应用主体主要是图书馆管理者和图书馆馆员，智慧管理系统通过各种高新技术，并结合图书馆发展和自身业务需求，推动图书馆管理的智慧化。主要包括以下几种子系统。

1. RFID 系统

无线射频识别（Radio Frequency Identification，RFID）是一种通信技术，可通过无线电信号识别特定目标并读写相关数据，而无须识别系统与特定目标之间建立机械或光学接触。它是构建"物联网"的关键技术，近年来受到人们的关注。RFID 技术是当前图书馆智慧化建设过程中使用最广泛的技术，已成为智慧图书馆的主要技术标志之一，当前应用于图书馆的 RFID 主要有高频（HF）和超高频（UHF）两种，两者各有其优缺点：高频标签由于受读取距离限制，容易出现数据漏读以及相互干扰问题；超高频标签读取距离较远，但具有跳频特性，会出现超范围误读的情形。总体而言，目前图书馆所用的 RFID 正逐步向超高频标签过渡，跳频、存储容量小、设备成本高等障碍正在逐步被解决。与此同时，RFID 技术还可以实现图书的自助借还，简化借书流程；实现自动分拣、盘点以及安全防盗；根据自身状况和需求开发富有特色和个性化色彩的应用功能，最大限度激发应用潜能。RFID 系统建设是智慧图书馆建设的基本任务，要从自身的实际需求出发，选用相对成熟的产品，确保与不同系统之间的互联互通，所采集的数据能为各应用系统所使用。

2. 二维码

二维码（Quick Response Code）能表示高容量的文字、图形甚至声音等信息，是当今应用十分广泛的技术。二维码在智慧图书馆中有多方面的应用：用二维码扫描代替身份识别可实现无证借还；在特定需要的地点提供使用指引；在书库中的二维码能提供书库馆藏类别及架位信息；将图书简介以及书评信息等置于二维码中供读者分享；将图书馆发布的信息以及相关的位置信息等通过二维码传递给读者；将电子资源链接置于查询结果页面，让读者通过二维码下载至手机等终端。智慧图书馆建设过程中需对部分图书和其他馆藏以及读者证、员工证采用二维码技术，进一步丰富数据采集的方式，弥补 RFID 等存在的不足。

3. 智能定位系统

智慧图书馆需要实现对人员、馆藏和图书馆本身的位置感知，必须通过智能定位系统来实现。智能定位系统涉及馆内和馆外定位两个层面，馆外的定位系统主要通过 GPS 系统进行定位，该系统可以感知读者实时的外部位置，结合大数据和云计算技术既可为读者推送周边的图书馆地点以及相关目的地等，又可为读者提供全程的位置导航服务；馆内的定位系统，涉及人员以及馆藏资源的位置定位，人员的定位主要使用 WiFi 和 ZigBee 相结合的定位技术，且以 WiFi 定位技术为主，ZigBee 则作为 WiFi 的补充来提高定位的精度。对馆藏资源的定位主要利用 RFID 的智能感知技术，由智能书架上的感知系统感知馆藏品上附载的 RFID 信息，并将感知到的结果反馈到图书馆管理系统以及读者的移动设备上实现对馆藏资源的实时定位，实现人性化的服务。智慧图书馆建设需要综合采用各类定位技术，使基于位置的服务能为读者、为馆员和图书馆的管理创造更大价值。

(四) 智慧学习系统

智慧学习系统主要是网络学习平台，是一个包括网上教学和教学辅导、网上自学、网上图书馆技能学习、网上学生培训学习、网上师生交流、网上作业、网上测试以及质量评估等多种服务在内的综合教学服务支持系统，它能为学生、教师提供实时和非实时的教学辅导服务，旨在帮助系统管理者掌控各种学习内容活动与记录学习者的学习情况及进度。凭借该系统，管理者可以安排各类学习活动与学习者的学习过程。

慕课（MOOC），即"大规模开放的在线课程（Massive Open Online Course）"，是新近涌现出来的一种在线课程开发模式。智慧图书馆用户可以通过网络学习平台在线接受慕课教育，这种模式有利用把其他学校优质的教学资源与图书馆优秀的在线平台结合起来，从而更好地为用户提供服务。

(五) 智慧馆员系统

智慧图书馆的建设对图书馆的馆员提出了更高的要求，既要让他们成为各类智慧应用系统的行家里手，又要成为解决读者问题的专家。智慧馆员系统是智慧图书馆的核心支撑系统，对提升图书馆的整体管理和服务能力有着重要作用。智慧馆员系统主要建设内容如下。

1. 馆员工作站业务系统

馆员工作站业务系统是馆员开展图书管理业务的基础系统，用于图书信息核查、图书盘点、图书出借情况登记等，需要根据图书馆实际业务需要进行针对性开发。

2. 智慧馆员培训系统

学习培训是传统馆员向智慧馆员转型升级的必备条件，建设智慧馆员培训系统，为馆员提供了良好的培训学习平台，学习平台既能保证集体培训的需要，也能满足个人单独学习培训的需要。

3. 馆员任务管理系统

结合馆员具体的工作任务，开发个性化的馆员任务管理系统，根据内部工作要求进行任务分解，对各项工作任务进行动态管理，提高作业管理水平和执行效率。

4. 馆员综合管理系统

馆员综合管理系统包括馆员考勤、绩效、职务等级、财务收支等在内的相关业务，是馆员个人进行自我管理、自助办理各项业务的信息系统。

(六) 智慧社交系统

信息技术飞速发展，在改变人们的生产方式的同时，也在不断变革人们的生活方式。移动社交功能应用越来越普遍，人们之间联系的桥梁由以前的打电话、发短信逐渐变为利用微信等手机应用来实现。具备强大的智慧社交功能既是智慧图书馆建设的重要目标，也是迎合新一代读者发展需要的必然选择。智慧社群系统的建设要以"为读者提供融学习、社交和娱乐于一体的城市空间"为基本理念，结合O2O（线上线下）融合发展的思路，为读者提供全方位支持。智慧社群系统的建设内容如下。

1. 微信服务平台

全面丰富和完善公共图书馆微信服务平台的功能，使其成为连接图书馆与读者的纽带。主要功能包括：微信号与借书证号绑定，直接凭微信号进行图书借阅和场馆预约等；微信号管理个人图书馆账户，实时获得各种个人数据；利用微信直接获取电子文献、影视频等馆内外资源；利用微信缴纳各类逾期罚款、打印复印以及其他有偿使用的费用；利用微信预订各类讲座、影视频节目演播的座次；利用微信建立学科微信群，服务学科发展需要。

2. 读者评价系统

建设读者评价系统，为读者提供评价和相互分享读书心得的渠道，并通过评价得积分的方法鼓励读者多做评价、认真做评价、负责任地做评价。

3. 读者荐购系统

对读者亟须又符合采购规定、读者反映较好尚未采购的图书，可以通过读者荐购，由图书馆根据实际情况进行采购安排。

4. 合作客户渠道

为各类合作客户提交业务交流和业务联络的窗口，如出版商、书店、地方文化资源提供者、其他图书馆以及其他与图书馆有业务往来的机构等，通过建立网上的业务渠道，为进一步加强合作、简化流程提供技术支撑。

（七）智慧服务系统

智慧服务是智慧图书馆的核心功能，既包括图书馆传统服务的智慧化，也包括利用各种新技术提供的创新服务。主要包括以下子系统。

1. 自助服务系统

自助服务是智慧图书馆的重要特色，既能满足读者自主选择服务的需要，又能提升图书馆的服务效率和服务水准。自助服务具体项目：自助办证；自助借还；自助打印复印扫描；自助管内开放空间预约；自助电子资源检索；自助缴费等。自助服务的形式多样，可根据实际需要不断开发新的自助服务项目，尽可能为读者带来更多便利，同时也让馆员有更多的精力去提供更加专业的服务。

2. 移动图书馆

移动图书馆依托成熟的移动通信网络、互联网以及多媒体技术，使读者不受时间、地点和空间的限制，通过各种便携移动设备（手机、PDA、手持阅读器和平板电脑等）方便灵活地进行图书馆的信息查询、浏览，可一站式查找并获取图书馆纸本图书及电子资源，帮助读者通过移动端的 APP 享受图书馆提供的一系列服务。移动图书馆要重点解决手机客户端访问的 OPAC（Online Public Access Catalogue，联机公共检索目录）系统，通过 APP 访问，读者可以实现基本字段检索、书目查询、阅读全文、新书预约、图书续借、新书通报和关注等主要功能。此外，还应具有提示书籍阅读期限、到期提醒等功能。

3. 个性化定制服务

根据读者兴趣爱好、职业特征以及地理位置等提供有针对性的个性化定制服务。具体的服务内容：个性化图书推荐；个性化电子期刊订阅；个性化讲座推荐；个性化科技查新服务；个性化影视媒体欣赏安排。个性化定制服务将结合读者的需求不断优化完善，探索新的服务项目和服务模式，为读者提供更加切合实际需求的个性化服务。

4. 特色服务

从公共图书馆智慧新馆的实际需求出发，推出各类特色服务。

第三节 智慧图书馆的资源建设

一、智慧图书馆中的信息资源的类型

当前智慧图书馆建设中，除了要满足用户通过智慧图书馆获取泛在服务，还应存储一定量的纸质馆藏。这是因为，智慧图书馆虽然依托智慧化的技术，构建了智慧化的管理和服务系统，从而提供智慧化的服务，但大部分智慧图书馆同时承载着传统图书馆的功能，图书馆具有搜集和保存人类文化

遗产的职能，所以智慧图书馆也必须保存一定量的纸质文献。除此以外，智慧图书馆应不遗余力地开发数字资源、多媒体资源等，这也是由智慧图书馆的性质和特点决定的。智慧图书馆中存储的资源主要有印本资源、数字资源、多媒体资源、数据资源和开放信息资源等。本节将对这几种类型的资源进行详细论述。

(一) 印本资源

智慧图书馆中的印本资源主要包括图书、期刊、报纸、工具书、学位论文、会议资料等。其中图书是印本资源的主要组成部分，在馆藏资源中占据了绝大部分体量，也是除数字资源外获得资源建设经费最多的资源类型。期刊的时效性较高，一般期刊出版社会定期出版，学术期刊的学术价值比较高，在学术研究中有极高的地位。报纸比期刊的出版频率高，大部分报纸为一天一期，其信息新颖性高，但大多以新闻性信息为主，也有部分报纸为休闲娱乐类，丰富读者的业余文化生活。

(二) 数字资源

数字资源是文献信息的表现形式之一，是将计算机技术、通信技术及多媒体技术相互融合而形成的以数字形式发布、存取、利用的信息资源总和。从数据的组织形式上看，有数据库、电子期刊、电子图书、网页信息等多种类型。

按存储介质可分为磁介质和光介质两种类型。其中，磁介质包括软盘、硬盘、磁盘阵列、活动硬盘、优盘、磁带等类型；光介质包括CD、DVD、LD等类型。常用的数字资源存储介质为硬盘、磁盘阵列、磁带及CD、DVD、LD等。

按数据传播的范围可分为单机、局域网和广域网等方式。单机利用可以是光盘或安装在一台计算机上的数据；局域网内部利用是用户能在机构内部浏览检索数字资源，但在机构的局域网以外的网络环境中不能访问；广域网方式是指用户可以在任何一个拥有因特网的地方通过一定的身份认证方式或者不需认证就可以访问数字资源。

从资源提供者来看，可分为商业化的数字资源和非商业化的数字资源。

前者包括数据库商、出版商和其他机构以商业化方式提供的各种电子资源，如 Elsevier 公司的 SDOS、EBSCO 公司的 Academic Source Premier、中国期刊网等数据库，图书馆需要支付一定的费用后再提供给一定的读者群，或者读者个人通过读书卡和其他方式购买数据库的使用权。这些数字资源内容丰富、数据量大，是图书馆馆藏资源建设中的重要内容。后者主要指机构自建的特色资源库、开放获取资源、机构典藏和其他免费的网络资源，这些资源或者由图书馆自行建设，或者可以从网络上免费获取。当然，图书馆特色资源库在建成之后也可以以商业化方式进行运作，此时，对其他图书馆而言，也可以称之为商业化数字资源。

(三) 多媒体资源

在计算机行业里，媒体（medium）有两种含义：其一是指传播信息的载体，如语言、文字、图像、视频、音频等；其二是指存储信息的载体，如 ROM、RAM、磁带、磁盘、光盘等，目前，主要的载体有 CD-ROM、VCD，网页等。多媒体是近些年出现的新生事物，正在飞速发展和完善之中。

严格来讲，多媒体资源不算是一种资源类型，它是多种媒体的资源的总称，一般包括文本、声音和图像等多种媒体形式。在计算机系统中，多媒体指组合两种或两种以上媒体的一种人机交互式信息交流和传播媒体。使用的媒体包括文字、图片、照片、声音、动画和影片，以及程式所提供的互动功能。

多媒体是超媒体（Hypermedia）系统中的一个子集，而超媒体系统是使用超链接（Hyperlink）构成的全球信息系统，全球信息系统是因特网上使用 TCP/IP 协议和 UDP/IP 协议的应用系统。二维的多媒体网页使用 HTML、XML 等语言编写，三维的多媒体网页使用 VRML 等语言编写。在 20 世纪中后期，大部分的多媒体作品使用光盘发行，进入 21 世纪后，多媒体产品更多地通过网络发行。

多媒体技术涉及的内容：①多媒体数据压缩：多模态转换、压缩编码。②多媒体处理：音频信息处理，如音乐合成、语音识别、文字与语音相互转换；图像处理，虚拟现实。③多媒体数据存储：多媒体数据库；多媒体数据检索，基于内容的图像检索，视频检索；多媒体著作工具，多媒体同步、超媒体和超文本；多媒体通信与分布式多媒体、CSCW、会议系统、VOD 和系统设计；多媒体专用设备技术，多媒体专用芯片技术，多媒体专用输入输出技术；多媒体应用技术，CAI 与远程教学，GIS 与数字地球、多媒体远程监控等。

(四) 数据资源

数据（data）是事实或观察的结果，是对客观事物的逻辑归纳，是用于表示客观事物的未经加工的原始素材。数据可以是连续的值，比如声音、图像，称为模拟数据。也可以是离散的，如符号、文字，称为数字数据。在计算机系统中，数据以二进制信息单元 0，1 的形式表示。

信息与数据既有联系，又有区别。数据是信息的表现形式和载体，可以是符号、文字、数字、语音、图像、视频等。而信息是数据的内涵，信息是加载于数据之上的，对数据做具有含义的解释。数据和信息是不可分离的，信息依赖数据来表达，数据则生动具体表达出信息。数据是符号，是物理性的，信息是对数据进行加工处理之后得到的对决策产生影响的数据，是逻辑性和观念性的；数据是信息的表现形式，信息是数据有意义的表示。数据是信息的表达、载体，信息是数据的内涵，是形与质的关系。数据本身没有意义，数据只有对实体行为产生影响时才成为信息。

数据的表现形式还不能完全表达其内容，需要经过解释，数据和关于数据的解释是不可分的。例如，93 是一个数据，可以是一个同学某门课的成绩，也可以是某个人的体重，还可以是计算机系 2013 级的学生人数。数据的解释是指对数据含义的说明，数据的含义称为数据的语义，数据与其语义是不可分的。

对数据的分类，可以按性质、表现形式和记录方式 3 种类型划分。

（1）按性质划分：①定位的，如各种坐标数据。②定性的，如表示事物属性的数据（居民地、河流、道路等）。③定量的，反映事物数量特征的数据，如长度、面积、体积等几何量或重量、速度等物理量。④定时的，反映事物时间特性的数据，如年、月、日、时、分、秒等。

（2）按表现形式划分：①数字数据，如各种统计或量测数据。数字数据在某个区间内是离散的值。②模拟数据，由连续函数组成，是指在某个区间连续变化的物理量,又可以分为图形数据(如点、线、面)、符号数据、文字数据和图像数据等,如声音的大小和温度的变化等。

(3)按记录方式划分为地图、表格、影像、磁带、纸带。按数字化方式分为矢量数据、格网数据等。在地理信息系统中,数据的选择、类型、数量、采集方法、详细程度、可信度等,取决于系统应用目标、功能、结构和数据处理、管理与分析的要求。

数据也可分为结构化数据、非结构化数据和半结构化数据。

结构化数据,简单来说就是数据库。结合到典型场景中更容易理解,比如企业 ERP、财务系统;医疗 HIS 数据库;教育一卡通;政府行政审批;其他核心数据库等。这些应用需要哪些存储方案呢?基本包括高速存储应用需求、数据备份需求、数据共享需求以及数据容灾需求。结构化数据即行数据,存储在数据库里,可以用二维表结构来逻辑表达实现的数据。

非结构化数据库是指其字段长度可变,并且每个字段的记录又可以由可重复或不可重复的子字段构成的数据库,用它不仅可以处理结构化数据(如数字、符号等信息)而且更适合处理非结构化数据(全文文本、图像、声音、影视、超媒体等信息)。非结构化 WEB 数据库主要是针对非结构化数据而产生的,与以往流行的关系数据库相比,其最大区别在于它突破了关系数据库结构定义不易改变和数据定长的限制,支持重复字段、子字段以及变长字段并实现了对变长数据和重复字段进行处理和数据项的变长存储管理,在处理连续信息(包括全文信息)和非结构化信息(包括各种多媒体信息)中有着传统关系型数据库所无法比拟的优势。非结构化数据,包括所有格式的办公文档、文本、图片、XML、HTML、各类报表、图像和音频/视频信息等。

半结构化数据,就是介于完全结构化数据(如关系型数据库、面向对象数据库中的数据)和完全无结构的数据(如声音、图像文件等)之间的数据,HTML 文档就属于半结构化数据。它一般是自描述的,数据的结构和内容混在一起,没有明显的区分。

二、智慧图书馆的资源建设策略

智慧图书馆的信息资源建设,既包括印本资源建设,也包括数字资源建设,还应包括免费学术资源即开放信息资源的建设。

(一)智慧图书馆的印本资源建设

1. 智慧图书馆采访工作的智慧化管理

采访工作由"与读者脱节"走向"强化征询读者意见"。馆藏是图书馆赖以生存发展的物质基础，文献采访作为馆藏建设的第一步，采购水准的高低无疑将直接对图书馆的运作效率的高低产生影响。传统的文献采购倾向于自上而下的采购，直接利用文献的读者常常处于资源建设的最末端的弱势地位。图书馆的服务对象是读者，这是图书馆永恒不变的准则，图书馆释放出其所存在的价值的唯一途径是读者的参与和使用。读者作为图书馆馆藏服务的对象、中心、目的、动力、检验者，图书馆的各项服务都需要体现"以读者为中心"的核心理念，这才能符合智慧图书馆"以人为本，可持续发展"的内在特征及"以人为本、绿色发展、方便读者"的灵魂与精髓。可以看出，为了适应智慧理念的发展，图书馆馆藏资源的采购需更加倾向于开放化、个性化、大众化，而不仅仅局限于少数采访馆员的研究领域和个人观点。理想的情况是，所有读者均可自由地提出个性化的文献采购要求，图书馆也要据此满足读者相应的文献需求，从而真正意义上实现信息获取的人人平等。实现馆藏资源的采购由"局限于少数有权采购文献的人员"走向"读者的每个文献需求的全面开放"，即文献资源的采购对准读者的文献需求，而实现的方式有读者决策采购，图书馆荐购系统等。资源采集重点由"图书馆内部采购馆员的决策权"向"读者需求"的倾斜有效排除了相关性低、利用率低的信息，实现读者需求表达渠道的畅通及表达的有效传达将提高采购馆员的工作成效，同时也减轻了采购馆员的工作量，这也有助于将有限的图书馆经费最大限度地满足用户的个性化需求，强化了借阅者与图书管理平台的对话，借阅者与馆藏资源的互联互通。

2. 智慧图书馆馆藏管理的智慧化

RFID 管理系统是实现纸质资源智慧化的有效途径，通过对物联技术的运用，对图书馆采编、排架、流通等业务流程进行优化。目前，很多图书馆的在架书籍都配备了独一无二的电子标签。

3. 智慧图书馆馆藏存储的智慧化

纸本文献的远程合作存储。为解决物理空间紧张和图书馆致力于对实体馆藏的维护之间的矛盾,远程存储是一个有效减少馆内开架书库实体馆藏的途径。远程合作存储使各分布式的图书馆共同构建异地的、高密度的,可长期保存纸质文献的存储设备,各分馆拥有本馆所存放文献的所有权,也可选择资源共享或转让文献所有权。各分馆的读者都有权力访问本馆远程存储的资源。在智慧化环境中,图书馆首先要明确它的使命和角色,并依此制定馆藏发展策略。比如:有些图书馆致力于提供对近期学术资源的获取,一些馆更多的是承担长期保存低利用率文献资源的职能,但未来的智慧图书馆的趋势是传统的作为保存纸本文献的图书馆正在转变为学习空间、交流中心、创新中心、创客中心,因此,可以推断的是,减少馆内低利用率的纸本文献的空间改造是智慧图书馆的发展趋势之一。

(二)智慧图书馆的数字资源建设

我国公共图书馆所引进的数字资源几乎涵盖了所有的数据库类型,有期刊、报纸、电子图书、学位论文、会议论文、科技报告、法律法规、专利标准、年鉴、参考工具、多媒体资源等多种类型,在多种文献类型中,数字期刊、电子图书、学位论文是引进最多的资源。

1.明确数字资源建设的规划与原则

资源建设规划是进行资源建设的纲领性文件,是对资源建设的目标、任务、方法、步骤等内容的明确规定。数字资源建设工作的首要任务就是制定资源建设规划。数字资源建设规划是数字资源建设工作的宏观指导,为数字资源建设工作提供政策性的标准和规范,为数字资源建设、数字资源服务与共享提供依据。

数字资源建设应该遵循以下几个原则。

(1)需求原则。数据库的建设选题要立足用户需求,不能盲目上马,要考虑教学和科研的实际需要,考虑其实用价值和需求程度。具体说来,一方面要满足读者需求,即数据库建设的最终目的是为更多的读者提供更大的便利,如果没有读者的需求,便失去了建库的意义;另一方面要适应学科的发展,要突出重点学科和专业的特色,紧密联系教学和科研的需求,以考虑对教学科研起促进作用,对社会发展和经济建设创造效益为准则。

(2)特色原则。未来图书馆是互联网的重要组成部分,特色是数字资源开发和利用的生命，没有特色就没有竞争优势和发展潜力。因此，特色数据库在内容选择和编排上应具有鲜明的资源特色，如民族特色、地方特色、学科特色等，形成特色优势，满足用户对特色文献信息的需求。

（3）标准化与规范化原则。在数字资源建设中，必须遵循一套标准和规范的解决方案，以便实现数字资源的长期存储、相互操作和数据交换，达到分布建设、网络存取、资源共建共享之目的。

（4）共建性与共享化原则。网络信息时代，任何一个图书馆都不可能将所有的信息资源收集齐全，而单纯依靠自身的信息资源、人力资源所开展的信息服务也不能满足读者日益增长的信息需要。在这种环境下，中小型图书馆更应积极参与到全国性、地区性或本系统的共建共享活动中，如数据库的联合购买，特色数据库的合作建设，馆际互借以及开展联机合作编目等。共建与同享可提高图书馆数字化建设的效率与效益。

2. 加大力度引进中外文数据库

中文数据库商出于自身利益的考虑，大部分数据库是大而泛，数据量比较多，购买费用也比较高。公共图书馆在引进中文数据库的时候要综合考虑数据库的使用效果、重复引进、经费投入等问题，合理引进中文数据库。

另一方面，图书馆要在数据库的引进上变被动为主动。目前许多图书馆在引进数据库时缺乏主动性，大多数仍处在代理商上门推销的被动试用、接受阶段。我们应当通过多种渠道了解全球专业数据库的出版信息，变被动为主动，努力做好图书馆信息资源建设。

第二章　阅读推广基础理论

第一节　阅读推广的基础理论

一、阅读学理论

（一）阅读的界定

什么是阅读？这是一个看起来简单实则非常复杂的概念。说它简单，是因为在现代社会，阅读现象随处可见，阅读如同呼吸一般，成为人们一个近乎本能的行为。一个人只要不是文盲，就至少能读路标广告、报纸杂志、电视新闻等最基本的东西，就像一个人若无生理缺陷就可以同他人交谈一样。说它复杂，是因为每个人阅读起来的情况会大不相同，阅读作为复杂的心理过程，阅读的能力、方式与习惯更是因人而异。就像有人说话得体，有人则词不达意；有人听话能听出弦外之音，有人就连基本的语意也会理解错误。阅读是"一种从书面语言和其他书面符号中获得意义的社会行为、实践活动和心理过程。阅读首先是作为一种特殊的交际方式而存在的社会现象，具有行为的社会性。它是以书面材料作为社会交际的中介的"。"作者-文本-读者-世界"，是构成一个完整的书面交际过程的四个基本要素。

无疑，此阅读概念综合了"活动说"与"过程说"的要义，并进行了拓展延伸，将"阅读"作为一种社会现象而不仅仅是一个单独的个体行为来看待，显然更具全面性。随着知识经济与信息社会的到来，人类阅读的文本发生了巨大的变化，阅读的概念也变得更为宽泛。胡继武在《现代阅读学》中对阅读所下的定义"阅读是从信息符号中获取意义的一种复杂的智力活动"更符合当前实际。

（二）阅读的价值

为什么要阅读？阅读的意义何在？阅读的重要性表现在哪些方面？对阅读这些问题的认识是建立在对阅读价值的认知基础之上的，这是阅读的一个根本性问题。所谓阅读的价值，就是指阅读对人所产生的有利于其生存与发展的正面影响。这种影响从人的全面发展来看，具体包括以下内容。

1. 阅读有助于获取知识

作为物质形式的书籍，既是人类知识的系统化保存，也是人们获取知识的主要途径，是人们阅读的主要媒介之一。书籍不仅是让大家阅读的，而且是让人无数次阅读的。从某种意义上说，书籍是人体的延伸，是人类大脑和五官功能的外化。美籍德国学者卡普通过有关美国和德国护林人用的斧子的对比研究得出如下结论：人类使用的工具是人类自身功能的外化物，从而延伸了他的身体。技术的发明和使用减轻了人类的精神负担，提高了人类的能力。书籍也不例外，它减轻了人的记忆负担，极大地增强和扩展了人的记忆能力。阅读书籍，既可以了解前人的知觉世界，也是进一步扩展人类知识系统的重要途径。更重要的是，书籍促成了人类知识的独特传承形式和两种不同的阅读方式（文字阅读和图的阅读），进而创造了一种重要的文化模式——阅读的艺术。文字阅读是一种以词组为基础、以句子为中心、以篇章为系统的阅读方式。其中，句子是表达完整意义的基本单位和形式。它的基本形态是线形的，即由多个词按照线的运动方向组成。句子在形态上具有方向的特性。句子的方向既是人们阅读句子时视线的运动方向，也是句子书写的方向。图的阅读与文字阅读的线性方式不同，图的阅读是一种以形态和色彩为基础的整体性（视知觉）阅读方式。所谓整体性的阅读方式，就是人们通过视知觉经验，瞬间组织图中的各部分材料，形成概括性的结论。

通过以上两种阅读方式获取知识，是古今中外人们获取新知识的最常规的途径。原因很简单，由文字和图形所构成的文献所承载的人类知识无所不包，是人类知识的宝库。通过阅读，文献中的知识就会传递给阅读者。虽然阅读不是人们获取知识的唯一途径，但这种途径的优越性是非常明显的。

尽管人们获取知识的途径除了阅读书本之外还有很多，但研究表明，一个人的知识建构，从实践中学习与积累的不足20%，通过阅读获得的知识达到80%。可见,阅读尽管不是获取知识的唯一途径,但却是最主要的途径。无疑,阅读可以使我们广泛地、大量地获取知识,增长见识、开阔眼界。

2. 阅读有助于修身养性

阅读堪称人生最美的修行。一行清秀的短文,或许就能调整生命的航向;一首洗练的诗歌,或许就能唤醒对美好的向往;一幅淡然的水墨画,或许就能驱赶心灵的彷徨。虔诚的阅读摒弃世俗功利,钟情的解读足以启人心智,或纯美娴雅,或铿锵豪迈。阅读浸润着悠然时光,过滤着日复一日的繁复与辛劳,琐碎与阅读相互交融,琐碎因阅读而温馨,阅读因琐碎而精彩。一个醉心于阅读的智者,终会超越世俗的层面,进入精神的家园,朝夕与心灵沟通,日月与心灵对话。在人生的十字路口,总会流露出智慧的光芒,引导我们迈向光明的彼岸。

3. 阅读有助于开发智力

心理学将智力概括为个体观察、记忆、思维、想象、注意、言语、操作等各种能力的综合体。智力不仅体现在人掌握知识的过程方面,更体现在人运用知识、创造性地解决实际问题的能力方面。智力是人类发展的基点。阅读尤其是早期阅读,能够极大地开发智力。

(1) 阅读有利于促进大脑的发育、成熟

从幼儿教育的角度来看,早期阅读更有利于促进儿童大脑的发育、成熟。视觉刺激对幼儿早期神经网络的发展至关重要。研究还发现,语言理解区域的发育比口语表达中枢要早。这一结果可以理解为:正因为阅读提供了积极的视觉刺激,给儿童展现了图文并茂的视觉材料,才加快了儿童大脑神经组织的发育和成熟,促进了儿童思维的发展。

(2) 阅读有利于智力的发展

心理学研究表明,知识是智力发展的基础。一个人所拥有的知识决定了其智力水平,如果一个人还能不断吸收新的知识,则其智力水平还将不断发展。智力发展需要知识去触发。智力开发遵循轰击原理,在大量信息和知识的碰撞、轰击之下,人的智力潜能能够被激发出来。阅读是获取知识的最有效途径之一,因而阅读一定会有利于人的智力的发展。

（3）阅读能够训练思维

阅读的过程，是不断地思索、想象、判断和推理的过程，人们既要领悟字词的含义，又要理解语句的含义，还要思考或怀疑文本中的观点，更要将出现在书本中的新知与大脑中的旧知进行比较与联系。经常性地进行这一系列的思维活动，能使人的大脑经常经受这样的训练，这对智力发展必然有益。

4. 阅读有助于丰富人生

人们常说，一本好书改变人的一生。社会的进步离不开知识，人的全面发展离不开阅读。好的阅读，是学习知识的愉悦，是感受心灵的碰撞，是实现自我的超越。为何阅读，阅读什么，怎样阅读，其实代表一种思想高度，折射一种人生境界。读书是缓解焦虑情绪的一剂良方，尤其是在当今快节奏的社会生活中，读书可以滋养人的心灵，这不失为一种明智的选择。养成读书的习惯，你会加入慢生活的行列，你会发现其实读书与生活、工作、交际和处事能力的提升息息相关。

通过读书，你会暂时忘却现实的残酷、生活的窘迫，你会理解高尔基的那句话——"我扑在书上，就像饥饿的人扑在面包上"；你会珍惜拥有，不再为曾经盲目比较后巨大的心理落差而心绪起伏动荡。读书让人们学会不以物喜、不以己悲，波澜不惊、宠辱皆忘。

通过读书，你会发现古今中外的人们彼此可以或友善或犀利地展开对话，但有一点很关键，那就是彼此的心灵是平等的、坦诚的，没有半点藏污纳垢和尔虞我诈。读书让人们认识到哪怕是政见不同的人，彼此也可以成为良师、诤友。

通过读书，你会领悟到，那一个个响彻天宇的名字的背后，也会或多或少地隐藏着不足为外人道的辛酸和无奈。在不可抗拒的大时代面前，哪怕是伟人、名人、大师，也同样显得那么渺小，不过是沧海一粟、宇宙之沙。

在互联网时代，每天有太多的信息扑面而来，人们似乎每天都在读着一些文字，但快餐式的浅阅读以及未经过挑选的文字虽然占用了大量时间，对读者而言却如流沙过指，所得甚少。在快节奏的生活中，我们不仅需要阅读，更需要用心选择一本好书，在读书的过程中提高、深思、内省并体验生命之美。

人生的高度得益于阅读的广度。阅读可以教会人们如何从现代生活中获取心灵快乐，找到人生的坐标，更好地面对生活、面对人生。

二、推广学理论

(一) 推广的基本属性

1. 推广具有干预性

推广是一种干预。几乎所有的推广定义都强调推广是经预先考虑的、有计划的、循序渐进的、系统设计的、有目标指导的目的性活动。制定目标、设计并检验策略、资源配置、执行和评价是推广干预性的具体表现。"干预"在《现代汉语词典》中的释义是"过问(别人的事)"，推广的干预性往往超越"过问"的层级。充当"推广员"角色的人常常直接参与目标群体的行为变革过程，因为推广员本身就是一种以执行干预为目的的职业。事实上，医生、教师、推销员以及其他专业工作者在平常的工作中都部分地扮演着"干预者"的角色。

2. 推广具有沟通性

推广以沟通作为其引导变革的手段。沟通贯穿于推广的全过程，是推广、培训和信息传播的基础，是推广工作中的一项重要的、必不可少的活动。早期的推广工作被看成是一种简单的干预手段，忽视了沟通在推广中的重要作用，认为推广就像投掷标枪一样，把知识和动力投向目标用户便大功告成。后来发现这种把目标用户当成"靶子"的推广工作，收效甚微。即使目标群体相信自己会从行为变革中获益，可仍然会因为缺乏变革的资源和条件而没有引发自愿行为的改变。沟通的重要性由此得到认识。沟通需要相互理解。推广的效果取决于干预团体与目标群体之间互相理解的程度。在推广之前，若能了解受众的期望，倾听他们的意见并加以理解，与他们一起对新的建议进行预试，并注意使用他们已有的知识，让变革行为者(推广员)与目标用户共同解决问题，推广的效果会好很多。

3. 推广具有自愿性

推广只有通过自愿变革才能产生效力。尽管推广的影响力来自策略地运用沟通这一手段，然而在引起人们行为自愿变革方面，这种影响力还是相当有限的，除非有其他途径以权力迫使人们依从。可是我们不能利用推广来强迫人们去做违背自身意愿的事情。推广的逻辑也要求变革行为者必须寻求引导目标用户自愿变革的手段和方式。自愿的行为不能由命令或指令产生，它需要利用说服、传递信息和其他沟通形式来引导目标客户在知识、认识、动机、理解或反馈上的改变，让他们相信行为改变是为了他们自身的利益。戈加特曾提出自愿行为改变的三个条件：一是必须知道怎样做；二是必须想要做；三是必须有能力做。显然，推广在对知识（知道怎样做）和动机（想要做）上的影响比对能力上的影响要大得多，因为人的能力的养成是一个复杂而长期的过程。正因为如此，现实的推广工作常常在改变人的知识和动机方面着力，在改变能力方面望而却步，从而造成推而不广的情况发生。若背离自愿性原则强制推广，即使是好心，往往也会办成坏事。

4. 推广具有公益性

用户都是理性经济人。如果推广纯粹只是为了推广者的个人利益，那么推广行为必然会受到用户的抵制，更不用说会有什么好的推广效果了。无论是农业领域的技术推广、商业领域的产品推广还是服务业的服务推广，都在一定程度上具有利他性，而且这种利他性成分越高，推广工作越容易开展，效果也越好。对目标用户来说，具有收益外溢的项目必须采用补偿机制才能得到有效推广。如此，在很多国家和地区，推广常常被用来作为一种政策工具。例如，在保护自然资源、预防公害、保证对于环境资源的适度使用、解放思想、主持公道、防止破坏公物的行为、能源保护、保证更好地使用娱乐设施、保证坚持公共利益的政策、交通安全等方面，推广的目的更加强调公共和集体的利益，而不是某些私人利益，因而具有显著的公益性。

5. 推广具有机构部署性

推广需要钱，它是一项职业活动。不管是专职的推广还是兼职的推广，都需要经费。要想保持推广工作的连续性，其经费开销非个人所能承担。推广工作通常是由某种机构组织开展的，这些机构可以是政府机构、志愿机构、商业公司和会员协会等等。例如，在许多国家特别是发展中国家，农业推广服务机构都是国家行政机构的组成部分，推广工作经费和人员大都由政府行政体系安排，常常采用技术、政策、物资结合的运行机制开展工作；大专院校与科研院所等教育科研机构开展的推广工作，其资金来自教育经费或科研项目经费，通常采用科研、教学、推广结合的运行机制助力科技成果的转化，即使是在当下的大学教育中，仍然强调生产、教学、科研相结合，面向市场培养人才；企业或公司设置的推广机构以增加企业的经济利益为工作目标，以产品消费者为服务对象，由企业划拨推广经费，一般采用企业、基地、用户结合的运行机制，以调动企业和用户的生产积极性，达到双赢的效果；会员协会合作形成的自助推广机构以会员为推广对象，以经营、咨询、推广相结合的方式开展资源传递服务。由此，推广的机构部署性便不言而喻。

根据推广的以上属性，我们可以给推广做出如下定义：推广是一种由机构部署的职业性的有组织的沟通干预活动，以引导具有变革行为者（推广者）所认为的公共或集体效用的自愿行为的改变。

（二）推广的目的

推广是一种经过系统设计的、有计划有程序有目标指导的活动，具有很强的目的性。推广的目的有两个：一是直接目的，二是最终目的。直接目的是引发推广行为的动机。如在传统农业社会，人们为了生存，千方百计想要农作物高产，于是，为了提高作物产量的农业技术推广行为便应运而生；科研院所为了把潜在的、知识形态的科技成果转化为现实的、物质形态的生产力，必须将创新的成果在相应领域推广使用才能产生效益；企业开发的新产品只有投放市场，被消费者购买才能实现利润，为了占领市场，让产品迅速被消费者知道并接受，企业需要市场推广；政府从国家和社会的利益出发，必须对个体的行为进行规范和节制，这种规范和节制除了通过硬性的法令强制执行外，还需要通过推广教育来引导人们的行为自愿改变。这些推广行为，因传输技术、成果转化、产品销售、行为教育的动机而产生，是推广的直接目的，也是短期目的。那么，技术推广、成果推广、产品推广、教育推广，其最终目的是什么呢？根据推广的核心逻辑——诱导变革，我们认为，推广的最终目的只有一个，那就是引导行为自愿变革。

为了实现推广的最终目的，变革行为者需要科学合理地设计其直接目的，并努力使干预目的与用户目的相一致，以实现推广效益的最大化。推广目的（直接目的）与用户目的的一致性程度是有差别的，通常有以下四种情况。

(1) 推广目的与用户目的相同。
(2) 推广目的与用户目的部分相同。
(3) 推广目的与用户目的相联系。
(4) 用户目的能够被转化为适合于推广目的。

第一种情况可能发生在由慈善机构提供资金的志愿组织开展的推广活动中，或者是由用户自己付费请商业公司为其提供的推广服务中。在这两种情况下，推广是为用户服务的一种手段，因而推广目的与用户目的高度一致。

第二种情况经常发生在农业推广中。用户目的是多赚钱过好日子，推广目的更多的是为国家利益服务。例如，在工业欠发达国家，农业推广的目的是为城市消费者提供廉价而可靠的食品供应，赚取外汇为工业发展提供原材料等。这种国家利益的达成是通过引进新技术提高农业产量实现的。产量提高了，价格就会下降，农民为了保持收入增长，也就自觉需要推广咨询服务。这样，当廉价而丰富的农产品变为现实的时候，农民们也看到了技术创新给他们带来的切身利益。

第三种情况经常发生在诸如广告一类的领域中。为了使推广目的（出售产品）和用户目的相联系，沟通干预常借助于某些用户感兴趣的、有利可图的、有指望的或者信服的中介物，即"诱导体"，而推广组织想要用户购买的产品被称为"劝导体"，沟通干预力求证明在"劝导体"和"诱导体"之间有一种关系，这种关系被称为广告的"允诺"。

第四种情况是指推广除采用沟通干预外，还可采用其他手段达成推广目的，如价格刺激和补贴可以使用户对推广咨询服务产生兴趣。

当推广目的与用户目的完全相反时，沟通干预是不起作用的。若想通过推广让目标用户去做他们不愿意做的事情，那是根本不可能的。当推广与其他手段如价格刺激、补贴等结合使用时会促使目标用户按照推广目的行事，这时推广的力量变得最大。然而这种力量很明显不是来自推广本身而是来自其他手段。因而纯粹的推广其力量是十分有限的。

（三）推广的功能

现代意义上的推广即推销、传播、普及与指导，是以人为工作对象，将特定的商品如书籍、知识、信息、技术、成果以及文化与公共平台等传播出去。通过改变个人能力、行为与条件，来改变社会事物与环境。因而推广具有个体功能与社会功能。

1. 推广的个体功能

（1）推行科学以增进知识

职业推广人是具有专门知识的人。无论是提供信息的推广、为解放的推广，还是人力资源开发，抑或劝导式推广，其工作对象都是人而不是物，因而推广过程都是一个面向人传播知识的过程。

（2）传播技术以提高技能

推广行为首先起源于农业领域，传输技术、提高生活技能是推广活动产生的原初动力，也是推广的首要功能。即使是商业领域的推广行为，尽管其每一个步骤可能都存在着促销，但也离不开传播技术这一环节。因为产品的销量仅仅是推广的间接结果，推广的直接利益结果是要让客户了解产品功能、传授产品使用技术，知晓企业品牌，让消费市场尽快接受产品。

（3）普及文化以改变观念

推广教育、咨询活动可以引导目标群体学习社会的价值观念、态度和行为方式，使得目标群体在观念上也能适应现代社会生活的变化。推广的最终目的是引导人的行为自愿变革。人的行为改变需要经历一个从知识改变、态度改变到行为改变的过程。虽然人的知识改变、态度改变并不一定会带来行为改变，但是人的行为改变了，其知识、态度和观念一定会发生改变。以书籍、知识、信息等为内容的文化型推广尤其具有这一功能。

（4）指导方法以增强应用

推广工作要运用参与式原理激发目标群体的主观能动性，通过广泛的社会教育与咨询活动，使目标群体在面临各种问题时，能有效地选择行动方案；通过目标群体参与推广计划的制订、实施和评价，提高目标群体的组织与决策能力。

2. 推广的社会功能

（1）促进科技成果转化

技术推广是推广的主要内容，也是科技进步系统中极其重要的环节。然而，科技成果是一种知识形态的潜在生产力，要把这种潜在的生产力转化为现实的生产力，需要让广大用户接受它，掌握它，并应用于生产实践中，从而产生一定的经济、社会和生态效益。这种转化是通过推广来完成的。推广效果越好，科技成果的转化速度就越快，质量也越高，生产力发展也更快。

（2）提高生产经营效率

研究、推广和教育是创新的三个核心要素，三者结合形成政策工具统一为用户服务。用户在改变知识、信息、技能和资源条件后，可以提高生产的投入产出效率。据美国学者分析，美国农业生产率提高的71%是科学研究及其成果推广应用的结果。在创新驱动发展的现代社会，农业和工业发展更加依赖于科技成果的推广应用。

（3）改变生活环境质量

推广活动通过教育、传播、服务等工作方式，改变用户对生活环境及质量的认识和期望水平，进而引导用户参与环境改善活动，发展基础服务设施和公共文化事业，以改善他们自己的人居环境，提高生活质量。推广必须同时兼顾经济效益、社会效益和生态效益。经济效益可以是首要的，但不能是唯一的。以牺牲社会效益和生态效益而取得的经济效益是表面的、暂时的、不可持续的。只具备经济效益的创新是不科学的，也是没有推广价值的。

（4）发挥媒介纽带作用

推广具有传递服务和反馈信息的功能。推广过程中，推广者起着联系科研、教育、生产的纽带作用，同时也是政府和目标群体对话的中介人。一方面，通过推广工作可以将政府的发展计划、方针、政策及时准确地传递给目标群体，以确保各项政策的落实和预定目标的实现；另一方面，可以将目标群体的意见、建议和呼声及时反馈给政府部门，为政府部门决策提供依据，增强政策的可行性。

三、阅读推广的现代理念

（一）阅读推广的"全民"理念

1995年，联合国教科文组织宣布4月23日为"世界图书与版权日"（简称"世界读书日"），希望通过"读书日"的设立，期待"散居在世界各地的人，无论你是年老还是年轻，无论你是贫穷还是富裕，无论你是患病还是健康，都能享受阅读的乐趣，都能尊重和感谢为人类文明做出过巨大贡献的文学、文化、科学、思想大师们，都能保护知识产权"。细心的读者应该都能从这一"期待"中解读出"全民"的含义，"全民阅读"一词由此也迅速传播开来并被各国政府所接受。在我国，早在20世纪二三十年代，留美归来的图书馆学家李小缘先生就曾发出"人皆有资格为读者""使全国民众，无论男女老幼，皆有识字读书之机会""能使公开群众……皆能识字读书，享受图书馆之利益，则方可谓图书馆之真正革命，之真正彻底改造，之真正彻底建设者也"的呼吁。李先生的呐喊也充分体现出"阅读，一个也不能少"的全民理念。从阅读推广所具有的"社会公益性"来看，尽管某一个具体的阅读项目都有明确的阅读推广对象，不可能涉及"全民"，可综合整体的阅读推广工作，则应该要让所有的公民都能享受到阅读推广的"益"处。21世纪初叶以来，"全民"阅读理念更是深入之心。恰如学者所言："'全民阅读推广'这个概念，首先意味着要倡导'全员阅读'的学风，其次意味着'终身阅读'，再次，对于图书馆和书店来说，还意味着一种'全品种的读物推广'。"现代阅读推广的"全民理念"由此可见一斑。

(二) 阅读推广的"服务"理念

范并思教授提出"阅读推广是一种服务"，无论是编制导读书目还是组织读书活动，其目的都是为读者的阅读和学习提供服务。尽管"推广"是一种沟通干预活动，但是阅读推广干预的目的是帮助读者喜欢阅读、学会阅读，而不是对读者进行价值观与品行方面的教育。尽管"推广"还具有教育属性，许多人也认为阅读推广应该对读者的阅读内容、阅读形式甚至阅读习惯进行教育。然而，这种教育多半是针对不爱阅读、不会阅读以及阅读有障碍的人群而进行的，对于大多数普通读者而言，只需提供中立的、非干扰的服务型推广即可。同时，阅读推广作为一种公共文化服务，其公共产品的公益性与非排他性还要求阅读推广需要保持服务的公平性，不得将具有党派教义的"教育"掺杂其中。即使是在具有教育功能的图书馆，也强调"图书馆员仅仅承担传递文献或咨询服务，不介入读者挑选文献的过程，不指导读者阅读，将知识与信息的选择权完全交给读者，甚至保守读者秘密，不让他人知道读者阅读的内容"；图书馆也因其保持服务价值的中立性而受人赞美，认为它的存在是社会民主制度的一种安排。当下，阅读推广服务已成为图书馆的一种主流服务，尽管这种服务具有活动化和介入式的特征，却丝毫不影响其平等、包容、专业的优质服务理念，阅读推广人的行为也应该遵循图书馆的核心价值体系——开放、平等、包容、隐私、服务、阅读、管理、合作。

（三）阅读推广的"自由"理念

"自由"一词，既是一个法学名词、哲学名词，又是一个日常用语。《现代汉语词典》给"自由"提供了三个释义：①在法律规定的范围内，随自己意志活动的权利，如自由平等；②哲学上把人认识了事物发展的规律性，自觉地运用到实践中去，叫作自由；③不受拘束，不受限制，如自由参加，自由发表意见。阅读推广秉持的自由理念既不是哲学意义上的"自由"，也不是日常用语中的"自由"，应该属于法律层面的"自由"，主要包括阅读自由、藏书自由、信息自由三个方面。其中阅读自由是整个现代社会文明尤其是图书馆应该奉行的宗旨圭臬。奥巴马曾在以"隐私与自由"为主题的演讲中将图书馆员誉为"保障我们自由思考和接受外界信息权利的全职捍卫者，应该受到全国人民最深切的感激"。程焕文明确提出："图书馆在藏书建设和服务上必须保持客观中立，不受任何思想意识和社会势力的干扰和影响，不越俎代庖地替任何意识形态、团体和个人判断藏书的优劣好坏或者收藏与剔除。"许多学者也坚定地认为："藏书自由是阅读自由的资源保障，能在市场采购到的书刊是已经审查筛选过的，图书馆不能也不应该再进行主观的审查式的选择；图书馆员无法逾越出版制度的藩篱，但对于'有关部门和有关领导'的过度关心和柔性干预，要秉持职业操守和道义予以抵制；即便是需要成人进行阅读指导的儿童，无论怎么强调他们的'自主阅读'都不为过。"信息自由包括信息获取自由和信息表达自由。《国际图联因特网宣言》规定："知识自由是每个人享有的持有和表达意见以及寻求和接收信息的权利；知识自由是民主的基石；知识自由是图书馆服务的核心。不论何种媒体、无远弗届地利用信息自由是图书馆和信息职业的主要职责。图书馆和信息服务机构提供不受阻碍的因特网入口，以支持社区及个人的自由、繁荣和发展。"阅读作为知识习得的方式，要想实现知识自由，首先要实现阅读自由。只有实现真正的阅读自由，才会有阅读之后的自由之国与自由之民。

(四)阅读推广的"权利"理念

通常意义上的"权利"是指权力和利益,与"义务"相对。

阅读是一种权利,这是现代公民社会应该遵守的一条铁律。阅读推广遵循"权利"理念是指任何阅读推广主体开展任何阅读推广活动时都应该保护公民的阅读权。所谓"阅读权"是指每个人依法享有的阅读权力与利益;它以阅读的自尊、自主、自由为主要内容,以体现读者的个性为特征,突出反映了"天赋人权""天赋价值"的人本主义精神。"公民阅读权利的概念是从文化权利、信息权利、图书馆权利、受教育权利、读者权利等相关概念演化而来,利益、主张或要求、资格、力量、自由是公民阅读权利的五要素。"具体来说,每个公民都拥有利用图书资源和阅读空间的权利、参与组织阅读的权利、开展创作和创造的权利以及阅读成果受到保护和推广的权利等等。

为了保障公民的上述阅读权利,2013年以来,全民阅读立法进入国家立法工作计划,深圳、江苏、湖北、辽宁、四川等省市相继出台了地方性的阅读法规。设立全民阅读组织或机构、规范基金经费、指导公共服务、关照特殊群体、细化新闻出版方面的职责,是各地立法中的高频词汇;从组织架构到基金经费,从公共服务到部门职责,这些关于全民阅读推广的"主干"和"枝节",在5部地方性阅读法规中都有明确表述。由此可见,阅读立法既保障了社会立场上的公民阅读权利,又保障了机构立场上的推广主体的职业权利,体现的是一个国家的文化梦想与追求。

(五)阅读推广的"创新"理念

阅读本质上是一种个性化与私密性的体验活动,阅读推广秉持的全民理念、服务理念、自由理念、权利理念,都必须遵循推广的逻辑前提——自愿行为的改变;即使是阅读立法,其出发点也仅仅是为阅读权利的实现创造更好的法律制度环境,而不是对公民的阅读行为进行限制或者强制。这就要求阅读推广的方式只能是"吸引",不能是"强迫"。如何"吸引"呢?让我们先来看一串有关"新旧"的成语:除旧布新、革旧鼎新、舍旧谋新、辞旧迎新、破旧立新、忘旧恋新、吐故纳新、涤故更新、弃故揽新、温故知新、推陈出新、耳目一新……

从中可以看出："旧"乃"新"生的土壤，新事物总比旧事物更有吸引力，喜新厌旧乃人之常情，阅读推广也不例外。现代阅读推广尤其要秉持"创新"理念，在温故知新的基础上实现推陈出新。开展阅读推广活动更是成为图书馆这个实体空间中最能吸引读者、与图书馆使命最为贴合的工作。近年来，围绕阅读推广，重新设计图书馆服务空间、添置设备、进行服务场所改造的话题日益成为图书馆学界和业界关注的焦点。此外，阅读推广人作为阅读推广服务的具体提供者，其服务创意和服务能力也被提到了空前的高度。一位优秀的阅读推广人至少应该具备三方面的素质：一是工作的主动性，二是创新能力，三是具有调动社会资源的能力。然而，一个未经培训的阅读推广人是不太可能全面具备这些素质的，但一群阅读推广人或者一个阅读推广团队具备所有这些素质的可能性大大提高。开展阅读推广人培训、设立阅读推广组织机构已成为社会共识且正在付诸实践，也使得阅读推广"创新"理念的执行有了切实保障。

四、阅读推广的基本要素

(一) 阅读推广主体

概念是分析问题的逻辑起点，概念引发探索。认识阅读推广主体，首先要对"主体"这一概念有一个正确的认识。不同的学科对"主体"这一范畴有着不同的解释和规定，作为一个哲学概念，主体又有着本体论和认识论两种不同的含义。从本体论来看，主体是指属性、关系、状态、运动变化等的基质、载体和承担者。本体论意义上的主体概念是没有客体概念与之相对应的。认识论意义上的主体是指有目的的认识活动和实践活动的承担者，与之相对应，客体则是指认识活动和实践活动中的对象。认识论认为，主体是与客体相关联、相对应而获得其规定性的。在这个概念中，具有思维能力、认识能力和实践能力的"人"成为主体。主体必须包含如下基本规定：主体必须是有自觉认识能力的人；主体必须有目的地组织或实施认识活动和实践活动。值得注意的是，仅仅是人未必一定就是主体，主体应该至少满足三个条件：一是必须参加实践活动；二是主体应具有主动性、能动性和创造性；三是必须严格遵守社会道德规范，推广不违背社会道德规范的文献信息资源。

鉴于此，从认识论角度的主体概念出发，阅读推广主体是指主动传播文献信息资源、组织参与或策划实施阅读推广活动的承担者，是特定阅读推广项目的策划者、组织者、实施者和管理者。阅读推广主体由于各自的职能、拥有的资源、所扮演的角色不同，以及所启动的阅读推广项目的目的不同，其特点和职能也有所区别。

1. 政府

政府包括中央政府和各级地方政府。阅读推广对政府而言，是一项关乎国家文化建设、传承文明、提升民众文化素质的公益大事，更多地体现在确立个体的阅读意识和阅读价值方面。目前，我国政府在全民阅读推广中扮演着组织实施者的角色，每年12月的"全民读书月"和4月23日的"世界读书日"前后，政府都会号召媒体集中宣传全民阅读，开展相关活动。作为阅读推广的主体，政府具有全民性和权威性，在图书推广中具有明显的优势。政府拥有配置社会资源的权力，可以调动全国或区域范围内的资金、人员等社会资源，能持久、稳定、大规模地组织和推进全民阅读推广活动，宣传阅读价值，促成全民形成阅读意识，加深个体对阅读行为的认可度。政府主导国家主流思想文化倾向，从有利于国家统治和文化教育需要的角度出发，组织实施阅读推广计划，拥有文化传播主导权。其阅读推广更多地体现为确立政府在文化、社会制度与社会主流思想方面的主导权力，具有一定的强制力。政府制定阅读推广的目标、方向和内容，具有单向指令特点，个体不可随意更改其内容或形式。在政府组织的阅读推广计划中，政府是主体，所有读者是从属客体，政府从营造宣传氛围和加大宣传力度上创造阅读舆论环境和空间。但组织阅读推广多为自上而下的规定性活动，推广内容的共性多于个性，不能满足个体多元化的阅读需求。政府还肩负着其他社会职能，精力有限，组织阅读推广多为阶段性活动，时间一般为数天，间隔周期一般为一年。阅读推广多停留在宣传鼓动层面上，而个体的阅读认知形成需要长期累积。政府推广活动的短期性与个体认知行为长期性的矛盾是突出问题，难以保障个体形成稳定的阅读认知，这影响着政府引导全民阅读的运作效率和有效性。

2. 图书馆

图书馆是国家重要的公益文化单位，是履行公共服务职能的文化教育机构，是国民继续教育和国民阅读的重要基地。它的社会职能主要有保存人类文化遗产、开展社会教育、传递科学情报和开发智力资源等等。其中，倡导阅读是图书馆开展社会教育的一个重要方面。图书馆拥有文献信息资源优势和读者服务优势，是倡导和推进全民阅读最主要、最有力的组织者、实施者，是推进全民阅读的重要力量。尽管不同类型的图书馆阅读推广的具体内容、目标和对象有所差异，但是向读者开展相关推广活动、引导阅读是其共同的职责。

图书馆一般有多学科的文献信息资源，典藏文献具有一定的学科系统性、稳定性与完整性。它能提供个体阅读文献信息的文化氛围，再辅以专门的推广活动，可以提升读者的阅读兴趣。

图书馆不以获取经济利益为目标，注重公共文化和开展文化教育的社会效应。服务对象不分民族、年龄和文化程度，服务区域内的读者均可享受服务，推广具有大众化的特点。

在阅读推广活动中，图书馆是主导方，以单向指导为主、双方互动为辅，读者依然是被引导的个体，但是二者的关系是在自愿前提下结成的松散主从关系，没有强制性阅读内容和参与要求。图书馆阅读推广虽然势必会对读者的阅读行为进行干预，但干预的目的是帮助读者喜欢阅读、学会阅读，而不是对读者进行价值观、品行方面的教育。图书馆作为阅读推广的主体，主要提供个体阅读选择和参与推广活动的机会。

阅读推广是图书馆的一项传统工作，系统内部积累了不少阅读推广经验，值得推广到实践当中，也能帮助其他主体实践相关推广活动。图书馆有专门从事版本学、文献学、采访研究的人员，能组织针对性较强、个体易于接受的系列推广活动，能满足个体的多元化阅读需求。

图书馆分布广泛，在推广地域上有优势。图书馆能实现一定范围内的主体间合作，以往图书馆与政府、书店、社会团体、图书馆学会、读者等有合作举办书展、读书活动、读书讲座和阅读活动的惯例。图书馆也关注阅读推广效果和读者满意度，推广活动中有推广信息反馈体系，会依照自身的实施能力和目标调整阅读推广计划。

不同类型的图书馆可以开展丰富多样的阅读推广活动，公共图书馆尤其引人关注。公共图书馆因其服务人群的多样性决定了其阅读推广活动的多样性，可以推出面向婴儿、幼儿、青少年、成年人、老年人等不同群体的阅读活动。同时，图书馆界作为一个整体，致力于整个社会阅读意识和能力的培养，如美国图书馆界在美国国会图书馆的领导下，以著名的卡通形象为代表，拍摄了一系列宣传阅读的公益视频。这些活动极大地推动了全民阅读的开展。

3. 社会组织

除了图书馆界，在阅读推广领域还活跃着大量的社会组织。社会组织是指在自愿基础上为实现某一目标而形成的相对稳定的组织或团体。这些社会组织规模不一、方式多样，按其终极目标的不同可分为营利型和公益型两大类。

营利型社会组织，多为非官方组织或团体，在经营文化产业中谋求经济利益。我国的营利型社会组织主要有出版社、书店、各种实体读书俱乐部和读书网络平台，以读者的阅读需求为出发点，以推荐图书、刺激个体购买图书等为主要推广内容。这些组织出于自身利益和市场竞争的考虑，在了解读者阅读需要和定位市场需求的基础上，辅以较为成熟的营销方法与推广手段，推荐激发读者兴趣、实用性强和富有时代感的畅销图书，推广活动形式多样。

公益型社会组织，是以服务公众利益为使命和目标，从事公益事业的一切志愿团体、社会组织或民间协会。现阶段实力较强的是官方学术机构，其以社会文化公益为目标，以举办讲座、研讨会等活动为主要途径，以业界号召力吸引机构和读者参与推广活动，以指导阅读、改善全民阅读现状，以"多读书、读好书"为己任，培养个体的阅读意识和习惯。中国图书馆学会每年都在全国范围内开展阅读推广活动，侧重国学推广与全民阅读意识的培养，着力进行阅读理论研究和全民阅读习惯培养，下设有专门的阅读推广机构——科普与阅读委员会，2009年更名为阅读推广委员会，致力于全民阅读活动，通过成员馆举办各类活动。近年来，我国阅读推广的民间组织也零星出现，具有充满个性化、富有创意、组织成本低、推广双向互动、读者参与度高等优点。这些民间组织多分布在大中城市或者个别地区，知名的有网络公益小书房、北京"尚读"沙龙、广州"万木草堂"读书会、深圳读书会、图书馆读书会、高校读书会等等。此外，还有凤凰网、搜狐网络读书会等等。网络公益小书房还采用加盟的方式推进加盟地区儿童阅读活动的开展。民间组织的推广对象多针对小范围读者群体,更多地体现在主体与个体之间相对自由的阅读引导方面。它们以社会团体这一载体为核心,在论坛、讲座、读书活动中注入其阅读理念,促成读者形成阅读意识和阅读行为,注重读者的参与程度,建立了相对有效的推广反馈体系。

4. 读者

将读者作为阅读推广主体的原因在于,网络环境下各种虚拟平台提供了读者推荐、交流和举办阅读活动的机会。读者可以通过推荐心仪图书、分享读书心得、组织小范围读者聚会或社团活动引导其他个体阅读。读者也是家庭和社区阅读推广的重要组织和参与力量。

读者阅读推广的优势在于多样化。首先是其成员的多样化。读者既包括名人、专家、学者,也包括普通读者。阅读推广具有个性化,能够引导不同读者形成群体阅读行为。学者基于学术上的建树分享读书心得、解读文献,为普通读者指引阅读方向。普通读者基于阅读经历和体会,分享同一年龄阶段、同一家庭背景或同一领域个体感兴趣的图书信息,容易引发其他读者的阅读共鸣,取得引导阅读的功效。读者组织策划阅读推广活动多为开放式,个体自由参加、地位平等,不存在主从关系,是相对平等基础上的相互影响或引导,且多采用个体容易接受或认同的手段和途径。通过图书推荐、社团阅读活动吸引其他读者参与,推广反馈较为及时、快速,还能较快地调整阅读推广的方向和内容。增强阅读推广效果,互动性强、参与度高。其次在于读者阅读推广途径的多样化。读者为主导方的阅读推广活动,创意多、推广成本低。学者可以通过课堂(讲堂)、学术讲座或网络主页等多种途径推荐图书、分享读书心得、解读经典,宣传阅读文化。个人可以通过网络论坛、社团活动等途径引导阅读,通过不同推广途径加深个体对阅读的认知。

此外,大众传媒和出版等机构以及医疗组织也是阅读推广的主体。大众传媒泛指传递新闻信息的载体,是报纸、通信社、广播、电视、新闻纪录影片和新闻性期刊的总称。大众传媒机构中阅读推广最突出的案例是电视节目"奥普拉图书俱乐部",自其开播以来已经连续促成了几十本畅销书,共销售小说几千万册。除了电视栏目外,还有很多阅读类报纸和刊物,如《中国图书评论》《文慧读书周报》《博览群书》《中国图书商报》《图书馆报》等。这些报纸和刊物或推荐读物，或展示阅读心得，从不同的方面推动阅读。国外还出现了医疗领域的阅读推广。几乎每个孩子的成长过程中都会接触医疗机构，因此国外许多医疗机构结合自身的特点推出了各种阅读推广项目，其中比较典型的是美国医疗领域的"触手可读"（Reach Out and Read）项目。孩子到医院体检时，医生会向父母介绍如何促进孩子阅读，并送给孩子一本书，并且在候诊室设立阅读区供儿童候诊时阅读。加拿大新斯科舍省的"读给我听"项目联合全省11家医院在婴儿出生24小时内为每个新生儿送去一本书。

（二）阅读推广客体

阅读推广客体是指阅读推广机构向用户推广的是什么，它是阅读读物和阅读目的的结合。阅读推广，顾名思义，当然是要推广阅读。这里不仅包括阅读读物的选择，还包括阅读能力的提升、阅读兴趣的培养、阅读习惯的养成和阅读氛围的营造。

1. 阅读读物的选择

从全球范围看，阅读推广的读物不仅仅限于图书等传统出版物，电影、音乐、游戏、网页等都属于推广的范畴。比如，英国阅读社"图书推荐数据库"中的推荐读物除了传统的纸质书之外，还包括音频、视频、电子书、游戏、大字体书（国外针对视力不好的读者专门出版的字体比较大的书）、报纸、杂志、网站等等。当今，社会信息生产的特点是数量大、增长快、类型复杂、形式多样、时效性增强、传播速度加快、内容交叉重复、所用语种扩大、质量下降。出版市场和网络将批量、快捷的信息给予受众，造成各种信息资源的良莠不齐，读物庞杂难辨，读者不得不将大量的时间用在甄别读物的优劣上。面对这种情况，我们更需要加强阅读推广，让读者选择到好的读物。

2. 阅读能力的提升

早期的阅读推广侧重于阅读能力的培养。对于有阅读意愿但不知道如何阅读、有阅读困难的人群，阅读推广工作就是帮助他们提升阅读能力——包括选择读物的能力、理解内容的能力、阐释能力、批判分析与创新能力。但是后来的研究发现，即使一个人有阅读能力，但是如果没有阅读意愿，那么他也可能长时间不阅读，他的阅读能力就会下降。这样，如果阅读推广只侧重于阅读能力，可能并不能达到目的，因此现在阅读推广除了关注阅读能力，还关注阅读意愿的培养，即提升民众的阅读兴趣。

3. 阅读兴趣的培养

兴趣是人们力求接触、认识某客观事物的意识倾向性。凡是能够引起人们兴趣的东西，必然能够引起人们对它的注意。阅读推广所要注重的兴趣，是影响读者阅读心理和行为的兴趣，即对图书文献的阅读兴趣。它主要包括两个方面的含义：一是指对某类特定的图书所持有的积极的选择倾向和态度；二是指由对特定图书的积极性发展而来的对一般图书持有的积极态度，即爱好读书，以利用图书馆资源为兴趣。这类读者会在实践中产生阅读兴趣，不但体现了读者的个性倾向性，而且随着实践的发展而发展。

4. 阅读习惯的养成

从发展的角度看，在全民阅读习惯的养成方面我们还有较为漫长的路要走。作为阅读推广的主体，尤其是重要的公益化文化服务机构，公共图书馆应该明确自身对构建阅读社会的切入角度，并全面投入阅读社会建设的过程中来；要对推动社会主义文化繁荣发展和科学发展观进行贯彻落实，充分认识到全面开展全民阅读活动、培养全民阅读习惯的重要性，并提高自身在组织活动上的主动性和自觉性，从而充分体现出自身在全民阅读习惯养成方面的使命和责任。教育心理学的研究表明，终身的阅读兴趣和习惯取决于有效的早期阅读。德国的一项研究表明，如果在15岁之前，一个人还没有培养出对书的感情，没有养成阅读的习惯，那么他将永远失去享受阅读乐趣的机会，他也将永远失去登入阅读殿堂的机会。阅读应从婴幼儿时期抓起，从小就要培养孩子对阅读的兴趣，并使其养成良好的阅读习惯。图书馆要以各种形式吸引青少年、儿童走进图书馆，激发他们的阅读兴趣。经过分析研究和实践检验，图书馆阅读推广活动的重点目标人群应放在儿童及青少年身上，在读物推荐方面应该是经典读物与数字读物并重，并适当考虑阅读推广中的时尚元素。

此外，阅读氛围的营造也是阅读推广工作的重点。在经历了20世纪70年代末80年代初的读书热之后，90年代中期以来，我国的阅读热又经历了由停滞、复苏到转型这样一个周期，对当下的阅读氛围来说，掀起新一轮的读书热显得十分必要。

(三) 阅读推广的对象

阅读推广的对象，即阅读推广项目的目标群体。由于阅读推广的目标是全民阅读，阅读推广所服务的对象应该是社会中的每一个个体。但在进行阅读推广时，我们首先还是应该对阅读推广的目标人群进行研究。这是因为不同的对象在阅读兴趣、阅读能力、阅读动机和审美取向上各不相同。这都将影响阅读推广的内容及成效。

1. 阅读推广对象定位明确

我们经常听到一句话：找对人，说对话。从阅读推广的角度来看，就是把合适的图书传递给对的人。很多图书馆花了很多人力、物力、资金去做推广，却达不到预想的效果，有一种可能就是没有找到对的人。当然，推广效果还与渠道、方式、场景等因素有关，但目标群体明确同样是很重要的一步。从微观个体的阅读推广项目来看，只有准确地定位目标人群，所做的推广才是有效的，这一点在做专题性的阅读推广时显得尤为重要。例如，英超俱乐部"阅读之星"项目面向不爱阅读的小学高年级和初中低年级学生，用足球激发他们对阅读的热爱；"信箱俱乐部"计划面向寄养家庭儿童，给他们发放适合寄养儿童年龄的阅读学习资料；挪威有专门面向16~19岁高中生的阅读推广项目，每年约有6万人参加该项目。该项目向高中生免费发放一本文学书籍，并附有面向教师的指南，告诉教师如何将该书和课堂教授结合起来；挪威还推出了面向运动员的阅读推广项目——"运动和阅读"，由图书馆员将图书带到各运动俱乐部、比赛场地等，促进运动员的阅读；新加坡的"读吧，新加坡"每年都有明确的推广对象，如出租车司机、美容师等等。

2. 进行阅读推广的市场细分

阅读推广与市场营销类似，图书馆等文化机构以丰富多彩的活动和促进措施开展阅读推广工作，吸引潜在读者，并培养其对阅读的忠诚度。为了使阅读推广工作更具针对性、效果更显著，在开展阅读推广工作时，要根据读者特征进行群体细分，并针对不同群体制定差异化的阅读推广策略，这是提高阅读推广效率的一种有益尝试。市场细分的本质是以消费者为中心，集中有限的资源和服务向最有效的、具有共同特征的细分市场提供产品或服务，以取得预期目标。市场细分是市场营销流程中的重要一环，包括顾客需求分析、划分不同类型的市场和目标市场选择三个环节，主要解答"为谁服务"的问题，之后才是制定组合营销策略并开展营销。读者阅读需求的差异性是市场细分的客观基础。人在生命周期不同阶段的价值观、世界观和人生观会逐渐变化，并因职业、收入和受教育程度的不同而有所不同。表现在阅读需求上，一方面，其对"阅读"这一行为的接受程度不同，如热爱、肯定、冷淡、拒绝；另一方面，其阅读动机也不尽相同，如功利型阅读和兴趣型阅读。不存在一种阅读推广活动或者图书适合所有读者需求的情况，有必要对读者进行分类并实施差异化的阅读推广策略。

市场细分的标准很多，常见的有如下五种：一是按地理（地理位置、交通状况）区域细分，这种细分方式的优点是目标市场便于区分，可以通过有计划的流动推广方案，在一定周期内涵盖所有社区或单位，并且精心策划的活动方案可以在不同区域重复使用。二是按年龄细分。按照年龄对读者群体进行细分是常用的做法，可以将阅读推广对象分为低幼儿童、青少年读者、中青年读者、老年读者。三是按职业细分，可以将阅读推广对象分为工人、农民、大学生、打工者、白领等若干类别。例如，湖北省开展的"书香机关"公务员读书活动，向公务员推荐党建、廉政、修养、国家发展以及哲学类图书；而针对新生代农民工，按其阅读喜好可推荐文学作品、励志书籍、通俗娱乐书籍及有助于职业发展和自身能力提升的书籍。四是按对阅读的接受程度细分，读者可以分为阅读爱好者、潜在阅读者、迟钝阅读者和消极阅读者。图书馆欢迎阅读爱好者参与活动，但阅读推广的目标人群应该是潜在阅读者和迟钝阅读者。针对其阅读意愿的动摇性，可以施以阅读方法指导、推荐优秀图书，相对容易引导其成为活跃读者。而针对消极阅读者，转变其阅读观念比开始阅读更加重要。五是按时间细分。阅读需要时间、空间的支持，活动规律可以区别拥有不同空闲时间的群体。比如，中小学生在寒暑假会有阅读作业；退休老人的空闲时间较多并且有人员聚集特征；公职人员在工作日比较忙碌，往往会选择双休日放松心情；对阅读推广要在读者细分的基础上，对不同的读者对象设计不同的阅读推广内容，采用合适的阅读推广策略，策划特色的宣传品牌。读者细分后仍然需要优秀的策划、良好的组织、密切的互动来保证阅读推广的效果，即通过划分有意义的读者群体，策划能满足目标读者的活动方案，提供对应图书与读者互动并传递其需要的价值，最后评估读者满意度及对阅读态度的影响，进而留住读者并不断增加读者，完成整个阅读推广计划。

3. 以儿童和青少年为重点，兼顾其他群体

从各国阅读推广的开展情况来看，儿童和青少年是重点人群，"书籍是青年人不可分离的生活伴侣和导师"。如果青少年能够养成阅读的好习惯，他们将会受益终身。他们的视野会更加开阔，鉴赏能力会提升，思维能力会增强，从而了解和感知社会，为将来更好地适应社会打下良好的基础。在社会快速发展和科技不断进步的时代背景下，人们对青少年阅读推广工作的关注度也不断提升。要通过有效的推广策略，将青少年阅读作为一项重点工作来开展。在美国，公共图书馆会定期举办一些丰富多彩的读书活动，开展阅读推广工作，并通过设置相应的奖励方式，来吸引更多的人参与到读书活动中来。在学校里，教师对学生每天的阅读量有明确的规定，还会让家长对学生的阅读结果进行实时监督。为了使越来越多的青少年能够投入读书的浪潮中来，图书馆会设置一些相关的活动方案，旨在调动学生的阅读兴趣，让他们在体会阅读趣味性的同时，阅读能力也不断增强。在英国，公共图书馆都实行免费开放的政策，一些图书管理员会积极投入阅读推广工作中来。他们通过多种形式的社会服务，使更多的人充分享受读书的乐趣对青少年这部分群体更是有着很高的关注度，他们花费了大量的精力和时间来鼓励青少年加入阅读的行列。英国经常在公共图书馆、学校、书店开展多种和读书有关的活动。出版社也会对一些优秀书籍进行归类和整理，从而更好地向青少年推广。

这里要强调的是，在很多西方国家，尽管儿童和青少年是阅读推广的重点对象，但是面向其他人群的阅读推广活动也开展得有声有色。无论是图书馆界还是社会机构，都很重视面向成人的阅读推广。比如，美国很多公共图书馆的暑期阅读不仅有面向青少年的，同时还有面向成人的。芝加哥公共图书馆面向成人的暑期阅读活动在每年的7-9月举行。每年的主题都有所不同，如环保、音乐、电影等，根据主题安排不同的阅读推广活动，包括作家讲座、演唱会、读书讨论等等。英国阅读社专门面向成人的"阅读挑战"，通过让读写素养比较低的成人阅读六本书完成挑战，提升他们的阅读素养。反观我国面向成人的阅读推广，可以说是比较薄弱的，希望国内相关机构特

别是公共图书馆能够在这方面有所加强。

4. 关注弱势群体

一般认为,弱势群体是在社会中经济贫困、能力贫困或者受到法律、制度、政策排斥而造成权利贫困的人的概称。阅读推广对象的弱势群体包括老年人、未成年人、残疾人、外来务工人员、城市低收入人群、服刑人员等等。鉴于各阅读推广主体都已经将面向未成年人的阅读推广活动作为日常的重要工作,开展的活动也很丰富多彩,因此阅读推广活动面对的弱势群体主要是指这些弱势群体成员的未成年子女。针对社会弱势群体的阅读推广应该充分体现平等性、无差别性,能最大限度地满足他们对文化的需求。阅读推广活动中对弱势群体的关注主要体现在两个方面:一方面,阅读推广的对象明确是弱势群体,如吉林省图书馆新馆在设计时就充分考虑到了残障人士读者的特殊需求,在建设之初就设计了轮椅通行坡道,并在全馆范围内铺设盲人专用通道;同时,设计残疾人专用卫生间,并在大厅显要位置设计了直升观光电梯,方便残障人士在馆内无障碍通行。此外,吉林省图书馆新馆还在一楼设立了视听阅览室和视障阅览室。另一方面,在整体的阅读推广项目中加入关注弱势群体的元素。比如,英国的"夏季阅读挑战",面向英国所有4~13岁的儿童和青少年,为了让视力有障碍的孩子也能参加,在该项目中还增加了面向视弱儿童的单元。美国的"触手可读"项目推出了面向视觉障碍儿童、听觉障碍儿童、自闭症儿童、智力低下儿童等不同儿童的阅读指导指南,包括给父母的建议、阅读书目等等。

第二节 图书馆阅读推广服务的概念与理念

一、阅读服务理论基础

(一)图书馆学五定律

1931年印度图书馆学家阮纲纳赞提出图书馆学五定律,即"书是为了用的""每个读者有其书""每本书有其读者""节约读者的时间"及"图书馆是一个生长着的有机体"。这五条定律自提出以来就为图书馆人、图书馆实践及图书馆事业指明方向。第一定律阐明图书馆的本质，图书馆是社会服务机构，具有服务职责，且本质职责就是为社会提供服务。图书馆藏书也是为利用而藏，指明图书馆的性质和社会价值，同时也为图书馆服务工作提供理论指导。第二定律阐明读者权利，图书馆是社会信息保障机构，是每一位公民享受学习和教育的场所，同时为图书馆服务工作提供平等、以人为本的指导思想。图书馆是每位读者的精神家园和心灵归宿，不论种族、肤色、阶级、健康或者残疾、富贵和贫穷。第三、第四定律揭示图书馆服务工作核心，即以读者为中心，满足每一位读者的需求，为读者提供便捷服务，实现服务工作效率最大化。第五定律，从发展的角度揭示图书馆服务发展理念。社会不断进步和发展，读者需求也随着环境变化而发生改变，社会不断涌现新事物，而图书馆唯有不断创新才能有发展。图书馆是一个生长的有机体，不只表现在藏书数量和种类的"生长"，也不仅体现在馆舍、场地面积的"生长"，最重要的"生长"是服务的创新和发展。

（二）图书馆学新五律

20世纪90年代，美国图书馆学家沃尔特·克劳福德（Walt Crawford）和戈曼（Michael Gorman）在合著《未来图书馆：梦想、疯狂与现实》（Future Libraries: Dreams, Madness, and Realities）中提出"新五律"，即"图书馆服务于人类文化素质""掌握各种知识传播方式""明智地利用科技手段提高服务质量""确保知识的自由存取""尊重过去，开创未来"。"新五律"是在新时代新背景下出现的产物，它并非替代阮纲纳赞所提出的图书馆学五定律，而是继承和发展，是图书馆学家在时代需要背景下提出的工作法则。既然是继承，那么"新五律"的核心也依然阐明图书馆的本质是服务，只是在不同的时代环境下，服务方式、手段和内容都紧随社会需求和信息技术创新而改变。"新五律"中第二、第三、第四定律揭示图书馆服务工作发展过程中不可或缺的推动因素——信息技术。资源形式多元、信息载体多样、读者需求各异等都要求图书馆服务不能原地踏步，而信息技术的融入则为图书馆服务带来希望。

图书馆学新老五定律是继承和发展的关系，戈曼五定律在继承阮纲纳赞五定律服务第一、读者至上、平等、自由及开放的基本原则和指导思想基础上，融入新技术拓展图书馆服务内涵与外延。新老五定律深入阐明图书馆服务的基本原则和规范，同时也表明图书馆服务具有发展性和创造性。

二、阅读服务概念

本研究中图书馆阅读服务是指图书馆利用馆藏资源、空间资源、人力资源等向社会公众提供与阅读相关的服务。例如，阅读推广活动服务、数字阅读服务、阅读空间打造、新书推荐、阅读指导，直接或者间接促进国民阅读的服务。信息载体形式多样化带来阅读方式、阅读内容、阅读目的"连锁反应"，信息载体有传统、数字、多媒体等多种形式，阅读方式从传统阅读方式到移动阅读、交互阅读和体验阅读多元阅读方式共存。

赵俊玲在其著作中指出，虽然阅读是一种个性化体验，但是许多人片面认为阅读是一种个体行为。该作者还指出一个合格的阅读主体不仅应该具有阅读意识，还应该具有一定的阅读能力。阅读能力包括选择文献的能力、理解内容的能力、阐释能力与批判分析创新能力。阅读不仅仅是指个体、单向的行为，同时也指一种双向互动社会活动。激发国民阅读兴趣、帮助国民培养阅读习惯、提高国民阅读能力是图书馆提供阅读服务的出发点和目的。涉及阅读研究的学科十分广泛，如教育学、心理学、社会学、图书馆学等多个学科。

三、阅读服务特点

图书馆阅读服务是图书馆利用自身资源开展与阅读相关的一系列活动的服务，以人为本的服务理念贯穿整个阅读服务。图书馆阅读服务的特点主要体现在服务理念与时俱进、服务资源多元化、服务方式多样化以及智能化和专业化。图书馆阅读服务有以下特点。

（一）坚持以人为本

阅读服务一直坚持"以人为本"理念。随着社会发展，"人"的需求发生改变，阅读方式发生改变。图书馆阅读服务"以人为本"看似不变但一直随着"人"的需求与时俱进。传统阅读方式主要提供传统阅读服务，数字阅读方式开展移动阅读服务等数字阅读服务，从安静阅览空间向分享交流、热闹非凡的阅读活动服务，从信息中心角色向创造、分享、休闲娱乐的第三空间转变。"以人为本"理念一直贯穿在阅读服务每一个时期当中，是与时俱进的具体表现。"以人为本"是以满足"人"的需求为出发点，根据"人"的需求变化改变图书馆阅读服务方式和服务内容，是指导实践活动的指南针。

(二) 阅读资源多元化

图书馆多元化资源建设，不再局限于传统资源。虽然图书馆传统资源是资源建设的重要组成部分，但是目前图书馆资源形式多种多样，包括纸质资源、数字资源、多媒体资源、三维信息资源和其他形式资源。多元化资源建设为提供高质量、优质化服务奠定坚实基础。

(三) 阅读服务方式多样化

阅读服务有阵地服务、流动服务、阅读空间打造、数字阅读服务、虚拟阅读体验服务、阅读推广等多样化服务。阅读服务已经融入读者生活、工作、学习等各方面，图书馆向集学习、休闲、娱乐、交流、创造多功能"第三空间"转型。

(四) 服务手段智能化

图书馆借信息技术创新之风推动服务智能化发展。大数据、云计算、RFID 技术、智能感应技术、智能导航技术和增强现实技术及虚拟现实技术、人工智能、5G 等各种新技术逐渐应用于阅读服务动作，促进图书馆阅读服务智能化。新技术发展创新引领阅读服务发展。

(五) 服务人员专业化

图书馆服务人员专业化是提供服务质量和水平的基本要求，图书馆越来越重视馆员知识结构层次化和专业化。图书馆追求服务专业和服务深度，阅读服务是图书馆服务的核心工作。阅读服务专业化和深度化是图书馆服务基本要求，因此馆员专业素养提升十分重要。目前，社会各界对于阅读推广人培养十分关注，图书馆界关于阅读推广人培养和培训已经开展，对阅读推广人才培养给予高度重视。

四、阅读服务理念

(一) 以人为本

《图书馆服务宣言》中"以读者为一切工作的出发点"明确图书馆服务工作的核心思想,以人为本的服务理念体现图书馆的人文精神和人文关怀。图书馆中"以人为本"指以满足读者、用户的需求作为工作的出发点和目标,读者(用户)是图书馆的生存之本,满足读者需求是图书馆发展的基石。读者阅读需求随社会发展和时代变化而发生变化,图书馆服务变革从根本上是缘由读者阅读需求和阅读方式的变化,因此以人为本的服务理念为图书馆可持续发展提供指导思想和工作准则。图书馆服务是涉及读者和馆员的服务,以人为本服务理念不仅强调读者的重要性,还体现于服务中的人文关怀,注重人的能动性。

(二) 阅读空间再造

图书馆空间再造,以图书馆空间文化打造带动阅读推广活动发展,助力实体图书馆逐渐向集学习、研讨、创新和交流等多功能方向转型。图书馆从"藏书空间"发展到"信息共享空间""知识交流空间""创客空间""第三空间"等形式,空间再造为图书馆阅读服务注入新活力。空间再造理念已经深入发展为主题阅读空间、数字阅读空间、虚拟阅读体验空间、资源共享空间、分享交流空间等等。阅读空间再造理念是阅读服务拓展的切入点,也是新时代背景下图书馆事业发展的机遇。

(三) 阅读推广服务

阅读推广服务是图书馆服务新形态,主要以活动形式提供服务。图书馆阅读推广目的,是为了帮助缺乏阅读意愿的人爱上阅读,帮助阅读能力不强的人学会阅读,帮助阅读有困难的人克服阅读困难。社会上有很多开展阅读推广的机构,但是每个机构开展阅读推广的价值观不同。图书馆阅读推广的价值观体现人文关怀,关注"需要帮助阅读的群体"。图书馆阅读推广是具有特定目标和特定人群的服务新形式。不同的群体阅读需求不同。图书馆阅读推广从目标人群阅读需求出发，针对不同人群提供主题阅读推广活动。

五、图书馆阅读服务的意义

图书馆是人们终身学习场所，是保障公平获取知识的信息中心，也是捍卫平等自由的社会机构。图书馆开展阅读服务对社会文化建设、图书馆事业发展和个人成长具有重要意义。

(一) 推动社会文化建设

社会发展离不开文化软实力，国民文化素质提高对"文化自信"具有积极影响。推动全民阅读，建设书香社会是我国长期以来推动的系统工程。"全民阅读"(Reading for All)旨在促进全民培养阅读、学会阅读、喜爱阅读、享受阅读，并从阅读中得到提升，从而提高全民文化素养。图书馆在全民阅读活动中扮演着重要角色。全民阅读追求的目标是"每一个人都参与阅读行列"，强调"人人"。在开展全民阅读活动的社会机构中唯有图书馆能够实现为"每一个人"提供服务。图书馆阅读服务包括为公众提供阅读指导服务，为未成年读者和儿童提供阅读服务（低龄和学龄）的绘本阅读服务、家庭亲子阅读指导服务，针对老年人读者的特殊需求的阅读服务，移动阅读服务等，可以满足"每个"读者的个性化需求。图书馆已然成为推动全民阅读的主要阵地。图书馆通过阅读服务提高国民阅读素养，提升国民文化素质，为我国文化建设注入新鲜活力，推动社会文化建设进程。

(二) 加快图书馆事业发展

《中国公共图书馆法》和《图书馆服务宣言》中有相关条例阐明阅读服务是图书馆重要使命，图书馆提供阅读服务是履行社会职能和承担社会责任的具体表现。图书馆自身发展也离不开阅读服务。倡导全民阅读、书香社会和学习型社会推进给图书馆事业发展带来机遇。在图书馆阅读推广服务中宣传图书馆，彰显社会价值，为图书馆事业可持续发展创造良好条件和环境。

(三) 促进个人成长

阅读对每一个人的影响是巨大的。人们成长的每一个阶段都需要阅读。

阅读可以影响人的性格，阅读能够培养良好品质，阅读可以拓宽眼界，阅读可以使人智慧，阅读能够充实自我。古今中外，阅读被视为成长过程中最应该培养的习惯之一。图书馆开展阅读服务为个人成长提供一个随时随地"充电"的空间，同时因为阅读服务具有服务方式多样、服务内容丰富、服务资源多元等特点，满足不同读者的阅读需求。阅读引导、阅读推广、阅读分享、阅读空间打造等让更多国民认识阅读、了解阅读、爱上阅读，意识到阅读对个人成长的重要性，并且学会阅读。图书馆开展阅读服务为读者提供阅读资源和阅读空间，服务不同年龄阶段读者。从服务"小读者"到关注"大读者"，帮助人们在成长过程中体验阅读、训练阅读、学会阅读、爱上阅读，让阅读成为不可或缺的人生"伴侣"。

第三章　阅读推广及其发展趋势

第一节　阅读推广工作的主要形式

一、传统文化阅读推广

阅读属于一种良好的生活习惯，可以在增加知识的同时提高自己的文化涵养以及精神生活，加强自身的道德素质。我国历史悠久，优秀的传统文化也非常多，需要我们去继承弘扬，我们在此阶段的实施过程中，可以借助城市的公共图书馆来进行，通过各种类型的活动来传承我国的传统文化，吸引更多的公众加入其中，增强公众的阅读兴趣，从阅读到生活真正融入我国的传统文化之中，在增强公众文化知识的同时，建设精神文明社会，进而增强公众的民族归属感以及爱国和奉献精神。

传统文化包含了两个方面，分别是传统与文化。其中的传统，指的是时间以及空间上我国上下五千年的历史文化的概括，是具有权威性与拓展性的，且随着时间的推移在不断地延续。另外的文化，则是受《周礼》影响，这是我国儒家思想中的一个经典之作，针对的方面主要包括文治与教化方面。

综上所述，传统与文化是不可分割的，两者之间在发展的同时相互作用。传统是文化的一个载体，文化若想要真实地展现在人们面前，就需要传统来承载。通过一系列的阅读推广工作，可以增强公众的文化涵养，增大其基础知识，进而增强其达到品质与精神世界，为社会秩序正常运行打下坚实的基础。如今经济文化增长迅速，社会发展的脚步也在逐渐加快，公众的精神需求也越来越大。因此，想要提高全民的文化素质以及精神世界，需要我们积极地去推广阅读，开展相应的阅读活动，进而提升公众道德素质。当然，想要实现全民阅读，推广活动的组织必不可少，通过阅读活动组织可以进一步推动社会发展，同时利用阅读将我国的传统文化与精神弘扬出去，促进我国知识型社会的建立。

（一）传统文化阅读推广的优势

第一，公共图书馆属于公益性质，其文化传播活动大多也为公益性的。在进行阅读推广工作的时候，可以让公众免费阅读，搜寻更多的相关资源。这样的方式可以促进公众的道德素养，提高全民阅读文化水平。另外，通过图书馆阅读文化与我国的传统文化相融合，在进行推广活动的时候，二者可以借助彼此的平台相互促进，在增强公众阅读兴趣的同时，吸引更多的人加入进来，进而深入体会我国的传统文化。

第二，公共图书馆中的资源较为丰富且形式多样化。公众在进行阅读的时候可以感受到更加专业化的服务，让公众可以更加静心地投入其中，了解我国传统文化。公共图书馆打造出一个更适宜阅读的空间，促进我国传统文化的传播与推广。

第三，通过公共图书馆这个平台，在组织阅读推广活动的时候将更加便利。可以借此通过公共图书馆这一媒介探索出适合公众的阅读推广活动，符合我国公民阅读需求，可以有效增强我国公民对于传统文化的求知欲，不断地探索了解传统文化，增加其阅读兴趣。

第四，公共图书馆可以通过不同类型的推广活动，以针对不同的群体，激发其阅读热情。通过公共图书馆，可以打造出轻松愉悦的阅读氛围，促进传统文化的发展与传承，进而增强我国公民的整体文化涵养。

（二）传统文化阅读推广的策略

1.建立新型阅读平台

如今，互联网发展迅速，公共图书馆想要更好地发展，需要寻找新的途径，比如利用网络资源增强阅读推广，增加阅读的服务范围，以及扩大服务对象等。因此，需要借助公共图书馆构建一个新型的网络阅读平台。当然，网络阅读平台也可以促进我国传统文化的传播，提升阅读者的整体效率。具体从以下面论述：

首先，从全省的范围去讨论，需要我们快速去建设一个传统文化的网络推广平台，通过网络的快速传播性以及相互连接性，扩大宣传，减少孤岛现象。在全省构建一个大型的网络导航系统，可以快速为阅读人群找到其所需资料。群众还可以通过此系统随时随地的了解社会情况以及相关资讯等等，也可以查阅相关的电子书，查看对应的视频。

其次，在构建网络平台的时候，可以很好地利用数字图书馆形式，充分将整体的资源扩散出去，打造高效率的阅读平台。虚拟网络可以以省图书馆为中心，将各个县市的图书资源结合起来，使各个环节有效联结，迅速达到全省阅读资源共享，扩大公众的阅读范围与资源。

最后，进行阅读推广工作的时候，需要建立科学的服务群。我们可以通过省市县等等资源去组建相应的微信群，通过微信群的组建，有利于更好地完成我国传统文化的推广工作，同时促进阅读爱好者之间的交流。

2. 加强多元化合作的力度

想要实现传统文化阅读推广，增强其效率，公共图书馆需要多元化的推广，方可实现我国优秀传统文化的传播。当然，也可以和其他推广平台或者利益相关者相互合作，进而达到公共图书馆阅读推广的目标，传承我国传统文化。例如，图书馆可以与青年学者合作，在组织相关阅读推广活动的时候加以详细讲解，进而以更容易让公众接受的方式方法传播我国传统文化，讲述传统神话故事，活灵活现的表达可以达到这一推广效果。通常情况下，公共图书馆需要积极地和其他单位进行合作，比如学校、文博机构、文化演讲、非物质文化遗产组织者等等，以提升我国传统文化传播速度。当然，就其成效性而言，通过公共图书馆与各网络媒体之间的合作与融合，可以快速建立高效的交流平台，线上线下均可以传播传统文化。公共图书馆在进行传统文化的传扬时，需要融合社会中的各种力量，与其相互合作，相互促进，达到高效推广我国传统文化的目的。

3. 组织对市场的深入调研与推广

公共图书馆在传播传统文化、开展相应活动的时候，需要提前做很多工作，比如组织活动、进行市场调查、前期准备等等。阅读人群会因为各种原因存在一定的差别，因此需要我们对相关资源与传播形式进行调控，从而满足更多公众的阅读需求。例如，公共图书馆根据公众群体的需求进行相应的划分设立单独的阅读教室，同时根据图书馆中的资源进行分类，对不同的文化进行划分，公众阅读一类书籍的时候可以快速方便地查询到位置。另外，公共图书馆并不是单纯在馆内进行组织，还需要组织相应的馆外推广活动，让阅读推广融入阅读的每一个环节，进而增强阅读推广工作的宣传，促进我国传统文化的传播。传统文化与阅读推广相融合可以更有效地增强阅读推广工作的质量。同时，在整体的阅读推广工作中，还可以激发我国公民对传统文化的热情，在提升推广效率的同时，增强我国公民的凝聚力。

二、家庭阅读推广

（一）家庭阅读推广的意义

1. 构建和谐家庭

重视家教和启蒙教育也是中华民族传统文化的一个重要组成部分。自古以来，一个家庭良好的家风和家庭建设，也能有效促进家庭成员的道德规范的形成，对社会和谐发展也产生了重要作用。图书馆具备社会教育功能，为了使其更好地对家庭阅读形成较好的引导作用，就有必要加强家庭阅读推广工作，为家庭建设贡献一分力量，并督促家庭成员形成良好的阅读习惯。

以微观的层面来说，加强个人的培养，并以此来促进家庭建设的提升，也是图书馆进行家庭阅读推广最常用的手段。家庭成员好比组成木桶的木板，往往是最短的那块木板决定了该木桶能装多少水。所以，家庭建设不能落下任何一个成员，这样才能促进家庭的整体提升。只有所有的家庭成员都努力奋斗，才不至于让家庭出现短板。而针对家庭成员所进行的家庭阅读的推广，更是要落实到家庭这个集体上。

以宏观的层面来说，家庭是组成社会的细胞，所以，家庭的和谐将对社会的和谐产生积极作用。图书馆家庭阅读推广活动的开展，将有利于全民阅读的落实，并会为全民阅读习惯的养成创造良好的社会条件，有利于书香社会的形成。其主要作用如下：

其一，利用家庭阅读推广活动的开展，能够有效提升家庭成员的整体素质。这也是家庭建设的基本前提和基础，只有创造一个良好的家庭阅读氛围，才能让家庭成员多读书、读好书，才能提升家庭成员的整体素质。

其二，家庭阅读推广活动的开展，能够更好地提升家庭教育环境。通过家庭阅读推广，可以高度融合学校教育和家庭教育，为中华传统美德的宣扬和传承带来良好的环境，为社会主义核心价值观的建设提供条件。

其三，家庭阅读推广促进了快乐阅读的实施，可以为和谐家庭的建设带来一定的动力。社会的不断发展，国内的家庭类型也不断地丰富化，所以，必须以这一变化为基础进行家庭阅读推广活动。

2. 推动建设书香社会

家庭是社会的细胞。社会因为有不同的个人和家庭的存在而充满活力，而不同家庭组成的丰富多彩的社会，构成一幅世界图画。因此，倡导全民阅读，关键在于倡导家庭阅读；建设书香中国，核心在于建设书香家庭。这也可以表明在全民阅读和书香社会建设过程中家庭阅读所起到的重要作用。

整体而言，在家庭阅读环境的建设和家庭藏书建设过程中，图书馆开展的家庭阅读推广活动既产生了积极的推动作用，也有效引导了家庭阅读的积极开展，为家庭成员之间的亲情沟通提供了有利条件。而且，通过家庭阅读推广，对家庭成员使用图书馆阅读资源也有着积极的促进作用，有利于阅读活动的丰富化，也有利于家庭形成良好的阅读习惯和阅读氛围，对青少年的健康成长和远大理想的树立产生积极的推动作用。所以，家庭阅读推广活动的开展也是倡导全民阅读的一个重要举措，并为书香社会的建设创造了条件。

图书馆承担着服务社会和文明传承的双重任务，应该以为书香社会的建设为依据来促进家庭阅读推广工作的开展，促进图书馆在家庭阅读推广活动中的场所和阵地功能的发挥。

3. 加强公众图书馆意识

图书馆，特别是城市公共图书馆，其功能不仅在于收藏文献、利用文献和开发文献，更重要的是，它还是城市文化设施的基础和前提，应该为市民的终身教育提供条件和场地，并逐步成长为一个城市的文化品位的代表。尤其在近些年，全民阅读运动的不断发展，使得图书馆成为一个城市的知识窗口和建设的中坚力量。所以，也使得图书馆的定义和内涵有了不断的变化，不过，其中唯一不变的，就是社会公众对图书馆的总体认识决定了图书馆意识，这也是图书馆的价值所在。

首先，图书馆进行的家庭阅读推广活动有效地促进了公众对图书馆社会价值和行业使命的认识，也对社会大众的通识教育产生了积极的促进作用。国内受很多条件的限制，很多人对图书馆的功能和作用并不是非常了解，往往不能充分利用图书馆的资源和服务。而且，发达城市也无法避免这一问题，这也应该引起图书馆人的高度重视。为了有效解决这个问题，图书馆应加大宣传力度，为公众正确地认识图书馆的功能做出重要贡献。此外，对于自己的资源和服务优势，图书馆也应该积极地推广，并促进家庭阅读推广活动的丰富化、常规化发展，对读者产生强大的吸引力。

其次，图书馆的家庭阅读推广活动有利于对青少年养成良好的阅读习惯产生积极作用，并让家长能够正确认识到在亲子阅读和成才教育中图书馆所产生的积极意义。

从某种意义上来说，家庭阅读离不开公众图书馆意识的形成。也就是说，图书馆通过家庭阅读推广有利于全民阅读氛围的形成，并让公众能够正确认识图书馆和阅读，促进公众图书馆意识的形成和提升，这两者之间的关系是相互促进，密不可分的。

（二）家庭阅读推广的活动策划

策划是人们采用系统的分析方法和科学思维方法来分析策划对象的环境因素，并根据调查、分析和创意来重新组合和配置资源，以促进行动方案落实，从而达到某种预期目标的过程，可称之为策划。其实，商业行业是策略的起源。以营销学的角度来说，策划的意义在于让市场占有率得到有效提升。活动策划案具有创新想法且切实可行的情况下，将有利于企业知名度和品牌美誉度的显著提升。

图书馆策划家庭阅读推广活动，就需要对活动主题进行创意，并以此进行活动目标和活动方案的制订。这也是家庭阅读推广的准备工作，并能够指导各个环节的顺利执行。

1. 组织策划团队

策划具有科学性和创造性特征。现代策划更是综合了多个学科交叉知识和团体智慧的一种活动，在这个过程中，不管是个人创意还是团队创意，都发挥了重要的作用。随着图书馆阅读推广的发展，其活动内容也更加丰富多彩，并具有多种多样的推广形式，为此，搭建一个高效的、可靠的策划团队，也是图书馆所面临的重要工作，如此才能有效促进家庭阅读推广活动的高效组织和实施等。

图书馆家庭阅读推广策划团队在实际工作中应承担以下任务：一是对家庭阅读推广活动项目的管理和统筹予以负责，主要包括了对读者需求进行分析、对整体策划创意进行组织、对活动调研进行安排等；二是对视觉识别系统的策划设计进行指导和组织工作，并促进其顺利实施；三是对家庭阅读推广活动的具体实施方案进行制订、完善和组织；四是要推广和塑造相应的品牌，并加强品牌战略的制定和实施；五是对媒体宣传方案进行审定和设计，对媒体活动进行策划和组织，落实品牌宣传和活动宣传工作；六是分工合作，对主体责任予以明确，加强日常工作的监督、联络以及协调等。

图书馆阅读推广活动开始朝着多样化、品牌化、经常化和规模化方向发展，这使得推广活动策划面临着新的挑战。最近几年，城市公共图书馆对于全民阅读推广给予了高度重视，并跟随时代要求，进行了思维转变，设立了如业务辅导部、社会工作部或者读者活动部等专门的阅读推广部门。不过，由于资源和环境等硬性条件的影响，全民阅读推广和家庭阅读推广还有较大的发展空间，在之后的阅读推广中要加大力度健全阅读推广制度，比如阅读推广机构的建设以及进行相应的阅读推广培训工作，并提升阅读推广品牌意识，打造强有力的阅读推广策划团队。图书馆应该更加关注可以提升的方面，将自有的服务优势和资源优势充分发挥出来，并结合社会力量和专门部门的作用，为家庭阅读推广策划切实可行的活动。而且，要充分发挥阅读推广部门的组织保障作用，这样才能更高效地打造一个家庭阅读推广活动策划团队，有利于家庭阅读推广活动的组织和实施。

家庭阅读推广活动是公共图书馆阅读推广活动的一个重要组成，所以，策划团队的组织和构建也是图书馆阅读推广部门的责任。除非是专门的少年儿童图书馆，不然，往往会由专业少儿服务团队来组织少儿阅读活动的策划活动。若是家庭阅读活动涉及的范围较广、会产生较大影响力时，则应该加强和其他部门的通力合作和获得其他部门的支持等，还可以结合社会力量来促进活动的顺利实施。例如，南京图书馆在开馆活动策划中就成立了社会工作部，并开展了展览、讲座等活动，暑假开展的家庭阅读推广中就充分结合了少儿馆和社会工作部的力量，进行了"书香童年"俱乐部等系列活动的策划和实施。而且，在必要的情况下，还应该结合其他部门人员或者社会力量的合作，从而使得活动层次和影响力都得到显著提升。例如"南京市少先队队长畅游南京图书馆"的专场活动，就是在团市委、市少工委以及馆团委的通力合作下开展的，不过，图书馆依然是本次策划的主体力量。此外，馆领导还从历史文献部、信息部、物管部、后勤部以及读者服务部等部门调动了很多骨干力量来促进活动策划和组织，从而促进了活动的顺利实施。

2. 创意活动主题

项目主题和名称、经费、目标人群定位、预计耗时、前期宣传、所需图书馆资源、预期参加人数、场地安排、所需设备等，都是一个活动项目策划必备的因素，这些因素也具有较好的稳定性。由此可知，项目主题作为要素之一，对整个活动的顺利进行有着不可或缺的作用，这就好像文章必须具备文眼一样，要能够清晰地反映出活动的策划意图和想要表达的思想内容。

阅读推广部门和少儿服务部门作为图书馆家庭阅读推广活动策划的主要部门，其应该对活动的主题创意予以确定。这一主题既可能是独立存在的，也可以是年度性的，或者是阶段性的子主题。例如，宁波市图书馆在2016年6月开展的"天一约读"系列阅读活动中，就举办了一期以"大山雀自然学堂"为主题的家庭和少儿阅读推广活动。这一活动是以主讲嘉宾张海华的网名进行命名的，同时它也是一种鸟类的名字。为此这一活动命名具有较新颖的立意和较独特的名称，有效拉近了和市民的距离，也能激发小朋友的好奇心。该活动是按月开展的，每期都具有一个新颖的主题。

"小荷读书会"是西安图书馆策划的一个读书活动，主要的受众是0~12岁和12~18岁的读者群体。这一名字来源于宋朝诗人杨万里的著名诗句——"小荷才露尖尖角，早有蜻蜓立上头"。含苞待放的荷花称之为小荷，这与少儿和青少年读者的特征有着较大的相似之处。读书会要求具有新颖的阅读推广活动主题，如"小手搭世界——智慧积木拼拼拼""萌眼观影"等。都具有立意新颖、视角独特的特点。若是一些具有较高级别或者区域性的大型阅读推广活动，图书馆一般只作为承办单位，其活动的开展需要依据活动的总主题进行，这样才能对阅读推广活动的分主题予以把握。

3. 调查读者需求

研究和调查家庭阅读需求，即为家庭阅读推广调研相应的读者需求。调研既是一种工作方法，也决定了家庭阅读推广工作的顺利与否。父母阅读、亲子共读以及孩子自读是家庭阅读的三个主要方面，而每一个方面都对不同的子领域有所涉及，这也需要图书馆进行调研和研究。

一般来说，开门纳谏型和广开言路型都是一种调研方法，当然也可以为对某一个项目进行调研或者去其他图书馆进行实地考察等，还可以通过和读者座谈、问卷调查等方式进行调研，不过，这都不能违背家庭阅读的要求开展。而且调查和研究之间的关系是既有相互联系性，又有相互区别性。具体来说，研究是建立在调查基础之上的，而对调查进行深化和发展，则为研究。图书馆的前期调研工作是必不可少的，它可以有效掌握相关家庭阅读推广中读者的相关意见，并在此基础上进行研究和分析，为调研报告的形成提供依据，也能够有效地对家庭阅读推广的主题形成提供借鉴，有利于家庭阅读推广活动策划的优质进行。

4. 制订活动方案

确定好具有创意的活动主题后，就要开始对活动方案进行制订。活动主题是活动方案制订的前提，而且需要进行详尽具体的书面计划的制定，要兼顾活动过程中的所有环节，如活动内容、活动目标、活动时间、活动标题、参与人员以及活动环节等。家庭阅读推广活动实施的前提条件，就是进行详细具体的活动方案的制订。因此，要仔细研究和分析活动方案中所涉及的每一个关键环节，并细细打磨推敲，有条件还可以预先演习一下关键步骤，确保活动方案的最佳化和活动的顺利进行。此过程中需注意的要点如下：

其一，活动主题要可以在活动标题中得以体现，并且要采用能够清晰表达出其含义的词组，这对吸引读者注意力是非常有效的，并且可以让读者产生情感上的共鸣，让读者积极地参与到活动中来。所以，活动标题需要和实际要求相统一，不但要对大众需求予以考虑，更要对分众需要进行关注。

其二，要体现出活动时间的针对性。家庭阅读推广活动的受众主要是少年和父母，因此，多以周末和晚上时间为宜。

其三，家庭阅读推广活动需要具有明确的活动目标。这有利于引导活动的正常开展，而且，设置预期的活动完成时间也能促进活动之后的评估工作的开展。和活动主题相比较，活动目标的特点在于其具体化和通俗化，能够获得读者的认可和接受。

当然，对活动实施方案进行不断优化也是很有必要的。图书馆的初步活动方案制订后，还应该根据主办方、合作方的建议，进行不断的完善和修改，以便提高各个关键环节的可实施性和效率性。而且，在条件允许的情况下还可以事先进行预演，确保活动方案的可行性和可靠性。

三、数字阅读推广

(一) 数字阅读推广活动与创新

和其他推广形式不同，数字阅读推广最关键的就是"数字"，这里的"数字"不仅仅指推荐的阅读内容是各种特色鲜明的数字化内容，还意味着，阅读的方法以及进行推广、使用的渠道也是数字化的。对阅读进行推广时，要对各种各样的工具进行巧妙利用，使每一位读者在数字阅读这片汪洋大海中都能根据指引找到自己需要的内容，要使读者对阅读途径以及可以阅读的资源等进行清晰地了解和掌握。

1. "微"活动

目前我们的生活中，微博、微信等已经十分常见了，这类新媒体形式可以说是无处不在，Web2.0 的环境下，各种社交网络平台、共享协作平台迅速发展起来，微博、微信、博客等被广泛应用，可以说，我们每个人都能够发挥传媒、媒体的作用。

对于部分图书馆来说，覆盖范围广而且免费的新媒体形式是一个很好的选择。通过新媒体形式，不仅可以对各类资源进行推送，在图书馆进行公众服务方面，还可以塑造出一个全新的形象，可以说，这是一个宣传利器。在数字阅读推广活动中，"两微一端"，即微博、微信和移动客户端，主要能够从两方面发挥作用：①对用户进行引导，指引他们对数字阅读资源进行利用，比如进行资源的推介、提供资源的使用技巧等；②吸引更多用户关注，提升粉丝数量，对数字阅读的服务人群进行扩展，使数字阅读的影响力得到有效提升。这两方面的作用是相互依存、相辅相成的，只有创造出好的内容，才能吸引更多人的关注，而这些关注的人，能够享受到的数字阅读推广服务也会更多。

（1）微博。现在已经有不少图书馆借助于微博平台来开展数字阅读推广活动，虽然微博图文内容对字数有限制，但只要我们利用得好，依然能够策划并开展很多精彩的活动。不管是在线上开展活动，还是只是进行常规的资源推送，我们在文字以及图片方面都需要精心进行设计，不能太过死板，要活泼、亲切一些，让人产生愉悦感。只有这样，用户才会更容易接受，并愿意参与其中。因此，不仅仅要对语言文字进行规范，确保其表达清楚、准确且语意友好，对于配发的图片，也要进行设计，使其符合语言文本的意境需求，和文案相呼应，或借助图片对文案进行更加清楚的表达等。可以说，任何一条优秀的微博内容，或者说合格的微博内容，都应当是一幅十分精彩的文图作品。至于微博账号要如何开通运营和认证，在微博的网页中都有十分详细的介绍，这里就不展开说明了。下面，以新浪微博作为案例，针对数字阅读推广活动如何在线上进行开展，展开探讨和分析。

在微博上进行线上活动，通常可以划分成两种形式：其一，"1+N"模式，即通过微博进行宣传，发布链接，然后跳转到活动界面的形式；其二，微博活动，这是一个微博自带的功能模块，可以对此进行利用并开展活动。

"1+N"模式是很常见的线上活动形式。这里的"1"就是指我们在微博上发布的相关宣传语、广告等；"+"指代的则是具体的网页链接，我们要通过点击这个链接参与活动；而"N"则代表着具体的内容，它的形式就比较多样了，像知识问答、在线调查问卷、微书评、游戏题、推荐的数字阅读内容等等都可以。

对于活动页面，在进行设计时要尽可能保证其清晰明了，内容不要太多，操作也不宜太过复杂。用户在参与活动时，需要填写的信息不宜过多，但关键、重要的信息一定不能漏掉。如果举办的是抽奖活动，在对获奖名单进行公布时，对于用户的信息安全一定要特别注意进行保护。

在对数字阅读推广活动的具体内容进行策划设计时，可以围绕以下方面来进行：数字阅读的资源库类型、数字阅读的使用技巧、数字阅读的内容、数字阅读的经验分享、数字阅读的达人竞赛、数字阅读推广宣传活动的相关征集等等。在策划设计推广活动时，有一个需要遵循的宗旨，即让更多的人了解图书馆的数字阅读资源，并鼓励大家进行使用。借助微博平台开展各项活动，看似容易，在实际进行操作时却也面临着许多问题、难点，比如如何设计研发合格的互动网页、微博文案如何撰写才能更加吸引人，除此之外，微博活动的开展还需要一定的粉丝基础。

对于微博平台本身的各种功能要进行熟练运用。新浪微博本身的一些栏目是具有一定的功能性的，比如"微博活动"，目前该栏目下主要有五大模块，包括限时抢购、预约换购、有奖转发、有奖征集、免费试用等，数字阅读推广活动主要可以应用的就是其中的有奖转发和有奖征集这两大模块，当然，不同的活动内容适用的模块是不一样的，我们可以按照实际需求进行选择。

在实际应用的过程中，使用这个模式开展相关活动的不太多。经过分析可知，这主要是因为，对于用户来说，已经广泛使用的"1+N"这种模式已经能够满足大家的需求，而且十分方便；此外，微博活动中自带的这些功能模块和我们理想的活动内容匹配度稍差一些，需要对内容进行调整以和固定的模块相匹配，其不能完全满足推广需求，存在一定的局限性。不过，这些功能也有其自身优势，不少用户自身能力、技术有限，并不能自主进行活动网页的研发设计，而这些功能是免费的，可以很好地满足这类用户的需求，使他们也能够进行同类活动。

在选择使用微博活动这种形式时，对于其各个模块的功能和使用方法，一定要十分熟悉，但是在实际应用时，也不要被模块本身设计时的一些思维惯性左右，应根据实际需要，对原本的商用范式进行调整改变，使其变成适用于数字阅读推广的一些应用范式。不仅仅如此，对于其他的应用功能模块，也可以积极地加以利用，这些模块和手机APP类似，只不过在微博中换了个名字，叫作"应用"。

进入到微博应用的官方界面之后，可以根据自己的实际需求对模块进行选择，掌握各个模块的操作模式后，就可以着手开展活动了。但需要特别注意的是，在使用之前，一定要了解清楚该模块是否为付费模块。例如，"微博大屏"这个应用曾经也十分流行，这个模块就是收费的，但是也会提供一些免费试用的次数或免费试用的简单版本。但是，这一类型的线上活动要想开展起来还是比较困难的，需要对各种应用及其功能进行深入研究和了解，对能够免费使用的模块的各种规则进行了解。此外，还需要了解模块和图书馆的活动是否匹配。不可否认，团队协作会使活动的效果变得更好。

(2) 微信。微信对于图文的制作要求更加严格，力求精美。"微信公众号"是微信中使用最多的一个功能，它又可以细分成三种：订阅号、服务号、企业号。微信和网页不同，不能进行线上活动的开展，也和微博不一样，没有那么多活动模块，它其实和移动客户端有些相似，但是它又不是APP，和移动APP有所不同。在微信上对数字阅读推广活动进行开展，也有案例可循。

微信公众号这个平台本身所能够提供的功能十分有限，而且也相对简单，对于线上活动的开展来说，很多需求是无法得到满足的。因此，有不少公司都有专门做微信功能研发的业务，比如预约功能。现在，使用微信的人越来越多了，可以说，用户量呈指数增长，在进行相关活动的开展时，一定要注意操作，因其用户基数大，如果运营得当，活动效果也将得到提升。

（3）图书馆移动客户端。图书馆的移动客户端，也就是我们常说的移动APP，是一类应用软件。通过此类APP，读者可以获取一些数字阅读资源，享受移动图书馆的相关服务。关于移动客户端，不少图书馆都是通过在宣传品上印制二维码来进行推广的，也有的会在进行读者服务活动时向读者介绍、推荐、鼓励用户下载安装相关的APP。我们在对APP进行推广时，一般可以采用两种方式：体验方式、应用方式。

第一，体验方式。主要就是将移动图书馆的相关功能介绍给读者，使读者了解使用APP后能够获得的便利。比如说，图书的借阅信息查询功能、续借功能、馆内讲座活动等信息的查询以及馆情资讯的发布等，此外，通过移动APP，读者还可以享受到各种数字阅读资源，它们都有正规版权，制作十分精良，且不需付费。但这种方式也存在一定的难点，主要包括：①在进行活动时，图书馆的网络环境要非常好，图书馆需要提供Wi-Fi服务，且要保证多人可以同时顺畅在线使用网络，如果在进行活动时读者还需要使用自己的网络流量来下载或者参与的话，会使整个活动的效果受到一定的影响；②活动的相关工作人员要对移动APP的下载安装技巧特别熟悉，包括安装路径、如何注册登录等，以便于为读者答疑解惑。

第二，应用方式。这种方式主要是在用户的一些日常活动中加入APP的一些资源或者功能，在对图书馆APP进行推广时，通常会采取一些用户比较易于接受的方式。比如，可以在APP上开通"活动报名/预约"这一功能。图书馆在进行各种实体线下活动前，可以先在APP上开通预约服务，想要参与活动的读者只需要下载安装并登录图书馆APP，点击进入"活动报名/预约"界面，就可以对活动内容进行详细了解，并在线进行预约。在活动前期宣传时，也可以在海报上添加通过 APP 进行报名/预约这一方法，引导用户下载安装 APP 并进行使用。

第三，东莞图书馆 APP 还有一个"扫描"功能。东莞图书馆对"电子书借阅机"进行引入后，对该资源进行了充分的利用，为每本电子书制作了二维码，用户只需要"扫一扫"，即可将电子书的内容下载到移动设备上。这种方式十分新奇，很多用户都被吸引过来想要尝试，但是要想成功将所选中的电子书下载下来，就只能使用图书馆 APP 中的扫描功能。这样一来，不少用户就会选择下载安装 APP，不仅保护了资源的版权，还使 APP 的下载安装量得到显著提升。

2. 数字阅读的创新方式

（1）英语口语挑战。这是一种寓教于乐的活动，所有人都可以参加。可以按照口语素材的难易程度进行分组，选取一些英文句子进行单句口语练习或者是对话练习，然后由机器作出评分。

（2）仿真书阅读体验。所谓仿真书就是指借助于集成芯片，把绘本、漫画等一系列的儿童读物书籍制成电子版图书，因此这种活动需要借助电脑和定制的阅读桌进行阅读。借助这类桌面显示器，多位读者可以同时进行阅读，这些绘本和漫画虽然没有电子版，但能够借助电脑来进行阅读，可以有效弥补纸质书副本少的问题。

（3）3D 电子书阅读体验。在《哈利·波特》中曾经提及，哈利·波特在魔法学校看报纸时，报纸上的图片不是静态的，而是动态的，3D 电子书阅读体验活动就是借助于平板电脑上的摄像头，对展板上的图像进行识别再现，通过平板电脑，读者可以和一些史前生物进行互动体验，不仅能够看到影像，还能够对史前生物的 3D 模型进行 360 度旋转，对相应的区域进行触摸点击后还能对相关的知识点进行了解和学习。

（4）音乐视频欣赏体验。很多人都会在图书馆里欣赏歌剧、听音乐，如果在图书馆里开办专业级的小型影剧院的话，大概没有读者是不愿意参与体验的。若能在图书馆里加入一些具备专业赏听效果的设备，可以制作出更加精良的赏听资源，也可以邀请相关的专业人士对赏听活动进行解读分析。

数字阅读设备外观十分时尚，且有强大的数字技术作为支撑，一经面世，迅速普及开来，图书馆的数字阅读体验活动也会就势开展起来。做一件事时要想使其呈现出最好的效果，就一定需要专业的人来做。因此，在进行相关活动的开展时，需要图书馆积极配合，提供场地、宣传海报等，并协助进行组织，而作为数字资源内容的提供商，则需要派出一些员工来帮助进行介绍，针对该款产品的特色内容以及具体使用方法，为广大用户提供服务。只有各自在自身比较擅长的领域进行工作，才能使整体的作用发挥到最大，使整个活动收到良好效果。

对于图书馆来说，数字阅读推广这项业务是一项全新的服务，最初的宣传就是对针对各类数据库的，后来才开始使用各类社交媒体和数字媒体，宣传形式也从早期的海报宣传发展到了虚实结合的体验式宣传推广方式，不管是内容还是形式，其发展都是十分迅速的。

(二)"互联网+"背景下数字阅读推广创新

我们的社会已经进入到信息化的时代，在互联网社会中，图书馆是一个十分重要的基地，不仅可以为学校以及各种学术性机构的信息化建设提供良好基础，也可以为教学以及科研的开展提供服务。因此，在学校进行教学科研、培养创新型人才时，图书馆也要主动出击，顺应当下的发展趋势，进入"主战场"，推动"互联网+阅读"模式的建设，在与学校立德树人的要求相符合的情况下，开展一系列活动，如参考咨询、资源推送、阅读推广等，对资源的配置情况进行优化，使文献信息的利用率得到进一步提升，根据学校对创新卓越人才的培养要求，努力发挥自身优势以及育人功能，帮助广大读者更好地成长、成材。

1. 实现数字阅读推广的多媒体化

数字化技术的发展给我们的生活带来了很多改变，人们的日常生活也受此影响出现变化，需求也开始渐渐变得更加多元，对于现代读者来说，单纯将文字堆砌到一起，并不能使他们的需求得到真正的满足。人们越来越喜欢那些能够借助于多媒体技术来展现的各种不同类型的资料，比如视频、声音、图画等等。因此，在面向读者进行推送时，图书馆要对相关的数字化资源进行一定筛选，并进行恰当搭配，为读者提供一些具有个性化的精品资源，使他们对数字化阅读产生更加浓厚的兴趣。在进行具体实践时，对于格式转化这项技术，图书馆要紧紧抓住，并以此作为突破口，使数字化资源最终能够很好地呈现在平板电脑、电子书、移动电话等读者所拥有的移动阅读终端上，使读者不论何时何地，都能够方便快捷地享受到数字化阅读相关服务。

2. 利用高新技术服务方式

我们正处于"互联网+"的时代，可谓处处都是生机活力，在服务方式方面也变得更加高科技，同时，随着"互联网+"概念逐渐深入人心，服务也开始不断地进行升级。因此，公共图书馆也要在这方面下功夫，对于"互联网+"技术的相关特点进行充分了解和掌握，在进行数字阅读推广时，对其进行充分、合理的运用，使自身的服务水平得到提升。依靠"互联网+"技术进行服务，搭建起的数字服务平台综合性更强，在数字图书馆的建设以及数字阅读的推广服务过程中，对各种技术，比如云计算技术、大数据分析技术、物联网技术等进行充分利用，使它们进行更好地结合，并安排相对专业的人员在此基础之上进行服务，对阅读相关服务进行及时地升级优化，使数字阅读服务逐渐实现跨越式创新发展。

3. 构建适用于数字阅读推广的信息共享空间

信息共享空间是目前最新型的一种信息服务模式，它不仅仅是一种服务空间，对于资源还具有高度整合能力。信息共享空间的建设主要依靠的是互联网技术以及各种软、硬件设备，借助它们，在一个虚拟空间或者是实体环境中将丰富但有些杂乱的资源信息融合到一体。在这个过程当中，我们对建筑空间的构建要进行合理地安排和布局。在这个信息空间中，媒体从业人员、出版商、作家、专家学者以及读者等，都会相聚在一起，并在此进行交流和沟通，对自身所有的阅读资源进行共享，这对阅读资源的有效利用和传播具有一定的推动作用。

4. 拓宽多维化数字阅读推广服务方式

在图书馆数字阅读推广过程中，对"互联网+"技术进行利用时有两点措施需要特别注意：①加强基础设施建设，对数字资源进行丰富和补充，对网络环境进行进一步强化；②进行数字阅读推广时，以人为本应成为自身的指导思想，对于服务内容，也应借助创新的形式进行发展和完善。

"互联网+"的时代进行数字阅读推广，对于公共图书馆来说并不是一件十分容易的事，需要长久的努力和坚持。其中最为重要的一个环节，就是要以图书馆本身的条件为出发点，在工作方案的制订方面要更加注重其科学性、合理性，并在工作中认真执行。将来，图书馆在进行数字阅读推广时，一定会创新地将"互联网+"技术应用进去，使读者能够在更加优质的环境中享受数字阅读服务。

第二节 阅读推广工作的发展趋势

2020年是我国全面建成小康社会和"十三五"规划收官之年。"十三五"时期，我国在政治、经济、文化、科技等诸多领域攻坚克难，在新时代取得了举世瞩目的新成就。全民阅读作为国家"十三五"规划的一项重点文化工程，5年来得到了较好的实施，为书香社会建设奠定了坚实的基础，并将得到深入推进。

一、"十三五"：全民阅读工作的重要收获期

"十三五"时期是我国全民阅读工作的重要收获期。5年间，全民阅读保障工作稳步推进，国民阅读意识日益增强，全国范围内阅读氛围渐趋浓厚，随着国民素质和社会文明程度的逐渐提升，书香社会正日趋成型。

（一）增强顶层设计，行动方案先行

"十三五"时期，为进一步推动全民阅读活动，国家主管部门加强顶层设计，及时出台指导意见和行动方案，有效整合各种有利条件和资源，形成开展全民阅读活动的合力。2019年11月，中宣部在深圳召开全民阅读工作座谈会，2020年10月印发《关于促进全民阅读工作的意见》，及时、全面指导和部署各地各部门开展全民阅读活动。其中，特别提出加大阅读内容引领、组织开展重点阅读活动、加强优质阅读内容供给、完善全民阅读基础设施和服务体系、积极推动青少年阅读和家庭亲子阅读、保障特殊群体基本阅读权益、提高数字化阅读质量和水平、组织引导社会各方力量共同参与和加强全民阅读宣传推广等重点任务。"十三五"时期，中央和各省区市新闻出版行政主管部门每一年度都会对"书香中国"系列活动作出精心规划和具体安排。"4·23"世界读书日，中宣部联合中央广播电视总台等单位连续多年

举办年度"书香中国"全民阅读活动晚会,影响很大。每年度举办的全国图书交易博览会都以全民阅读为主题,开展了形式多样的读书活动,参展的出版发行单位统一开展优惠促销、读书讲座、作者签售、捐书助读等活动。

(二)活动主体广泛,内容丰富多样

全民阅读作为一项全民性文化活动,在"十三五"期间呈现出了多方参与、形式多样、协同推进的特点。活动主体不仅涵盖了政府机构、社会组织、出版发行机构、图书馆、企事业单位和学校等,甚至覆盖社区、农村和千千万万的家庭,使得全民阅读活动形式日益多样,内涵更加丰富。我国31个省(区、市)开展了全民阅读"书香中国"系列全民活动。如"书香中国·北京阅读季""书香江苏""书香浙江""书香齐鲁"等。各地书香系列阅读活动,已初步形成了以当地党委宣传部主办,全民阅读领导小组成员单位协助承办,社会力量广泛参与其中的上下协同推广模式。各地多以"4·23"世界读书日为契机,围绕书香品牌组织开展一系列阅读活动,如"北京阅读季"的"北京大学生读书节",活动深入到每一所学校;已经有20年历史的深圳读书月活动,已成为深圳市民文化生活的一个重要节日。此外,"书香上海"的"上海书展","书香江苏"的全民阅读领读者大会,"书香齐鲁"着力向农村、社区、家庭、学校、机关、企业、军营推进的"七进"活动,以及"书香中国·北京阅读季"的"金牌阅读推广人评选"、深圳读书月的"领读者大奖"等书香系列活动,都搞得有声有色,深入人心。阅读与出版共生发展。许多出版发行单位一直积极活跃在推进全民阅读工作的第一线。

"十三五"期间,全国出版单位积极组织图书捐赠,在为读者提供丰富阅读资源的同时,积极联合各类阅读组织开展多种形式的阅读服务,如中国出版集团公司举办读者大会、人民出版社组织读书会联盟、商务印书馆协办北京市直机关青年公务员读书大讲堂活动。公共图书馆从过去沿袭专业图书馆"重馆藏轻阅览"的办馆思路,迅速向重在公共服务转型。全国县一级以上公共图书馆通过结合当地实际情况及读者需求,进一步提升服务能力和服务水平,开展形式多样的阅读服务活动。国家图书馆的少儿图书馆在服务少儿阅读方面做出了突出贡献,少儿图书馆的讲堂已经成为许多著名少儿文学作家和评论家以及小读者们经常聚集的地方。上海图书馆开展"上海图书馆

系列讲座",广州市图书馆组织"岭南大讲堂",深圳市罗湖区图书馆成立未成年人阅读俱乐部。现在,全国各地公共图书馆相继建立了少儿图书馆。即便许多专业性比较强的大学图书馆,为了更好地服务大学生们的阅读,也都在努力改变阅读服务方法。

(三)阅读生态多样,扩大覆盖人群

"十三五"期间,我国阅读生态日趋完善,以多样化的形式覆盖了各类人群。全民阅读成效的取得虽然得益于多重因素的共同作用,但面向各类特定人群的定向阅读推广却是其中一个重要方面。我们可以从亲子阅读、家庭阅读、校园阅读、社区阅读、农村阅读、公共交通阅读、公共媒体阅读及特殊群体阅读等面向特定人群阅读活动的广泛开展,明显看出全民阅读生机勃勃的可喜景象。

一是亲子阅读。"十三五"期间,出现了许多专门针对亲子阅读的读书会、阅读组织,其中最具代表性的当属悠贝亲子图书馆。作为一家亲子阅读服务机构,悠贝亲子图书馆深耕亲子阅读和亲子育儿领域,目前已落地全国300个城市3000家亲子图书馆,孵化了一系列亲子阅读指导培训、亲子研学等亲子阅读生态,为推广亲子阅读做出了重要贡献。亲子阅读正在社会上蔚然成风。中国新闻出版传媒集团在2016年创办的亲子阅读大赛"妈妈导读师"很快成为口碑很好的亲子阅读服务活动。这项阅读活动主要面向少年儿童,由亲子家庭共同参赛。大赛不仅考验孩子的阅读能力、亲子互动表现,同时还考察家长对图书的选择能力与对孩子阅读的引导能力。该活动创办以来聚集了热烈的人气,充分说明人们日益高涨的阅读热情,以及对培养孩子阅读能力的重视。

二是家庭阅读。"家是最小国,国是千万家。"开展家庭阅读是营造书香社会的重要途径。"十三五"期间,全国第二、第三届"书香之家"评选活动,共评选表彰了2000个"书香之家"。与此同时,天津、广东、山东多地还组织开展本地区的"书香之家"评选活动,让更多书香浓郁的家庭受到表彰,从而使得全社会的书香氛围更加浓郁。

三是校园阅读。"十三五"时期,教育部等部委印发意见要求加强我国中小学图书馆建设,加强全国高等学校校园书店建设全国各地教育系统通过

制定规划、组织阅读活动、成立校园阅读组织等多种形式积极推进书香校园的建设。如2016年北京市西城区出台《小学推进师生阅读工作计划》，明确提出通过创建和营造"书香校园""书香班级"，让读书成为同学们生活的一部分；2019年广西组织开展"书香校园·阅读圆梦"读书活动，引导中小学生开展图书阅读活动，创建书香校园；同年，由广西师范大学出版社联合广西各高校共同发起成立了全学段的广西校园阅读联盟。在全民阅读推动下的校园阅读，已经深刻影响到了我国中小学课程改革，"立学以读书为本"的课程改革理念正在得到普遍的认同。

四是社区阅读。"十三五"期间，全国各地积极开展书香满社区活动，致力于打造"书香社区"。北京一起悦读俱乐部长期扎根社区开展阅读活动，2016年至今，共举办了形式多样的阅读活动近300场，通过读友分享会、作者见面会、沙龙对谈等方式，为社区居民提供了交流阅读体验的平台，在满足社区居民阅读需求的同时，促进了社区阅读文化的传播。

五是公共媒体阅读。2017年春节期间央视播出《中国诗词大会》。节目围绕诗词展开比拼，给读者带来了高品质的精神享受，受到观众的热烈追捧，一举斩获史无前例的11.63亿次的高收视率，连带实现了诗词类图书销售的高转化率。以媒体节目制作带动阅读的，还有同年的《见字如面》和《朗读者》。这两档节目形式简单，但都突出了朗读与文本这两个阅读的重要元素，直击时下喧哗的外部世界，叩响了以阅读名义回归初心的警钟。在我国国民审美日益提升、愈发追求精神培育的当下，公共媒体的阅读节目连续爆火，直接带动了一大批经典图书的阅读。

六是特殊群体阅读。我国全民阅读具有均等性要求，面向的特殊群体主要包括残障人士、接受管制人员以及其他特殊人群。"十三五"时期，我国通过加大技术设备投入、提升服务水平等举措，基本满足了特殊群体的阅读需求。2017年，我国正式启动"盲人数字阅读推广工程"，在全国范围内设有盲人阅览室的公共图书馆及盲人教育机构中配置听书机、盲文显示器等设备，保障其阅读权益。

（四）深化阅读研究，重视理论建设

随着阅读实践的蓬勃发展，如何科学开展阅读活动、怎样高效阅读、阅

读行为如何影响阅读效果等理论性问题亟待作出科学性解答，阅读理论建设的重要性日渐凸显。"十三五"期间，我国在阅读研究领域作出了重要努力，涉及建设研究机构、构筑理论框架等多个方面。2016年，湖南大学中国全民阅读研究中心成立，成为中国首家全民阅读专门研究机构，该中心聚焦我国全民阅读基本情况及推进工程研究、人才培养模式研究。中国新闻出版研究院在全民阅读领域一直处于重要地位，其每年发布的《全国国民阅读调查报告》是衡量和评价我国国民年度阅读状况的重要数据和指标。此外，根据2019年综合居民阅读水平和阅读公共服务水平，中国新闻出版研究院创建了书香社会指标体系，在全国范围内形成了一个统一、同口径、可比较的数值系统，客观反映出我国国民的阅读状况和各地阅读公共服务水平，实现了阅读情况开展的量化评测。

二、"十四五"：深入推进全民阅读

"十四五"时期是我国全面建成小康社会、实现第一个百年奋斗目标之后，乘势而上开启全面建设社会主义现代化国家新征程、向第二个百年奋斗目标进军的第一个五年。在"十三五"全民阅读工作基础之上，深入推进全民阅读，扎实推进书香社会建设，应当是全面建设社会主义现代化国家新征程的重要任务之一。

（一）高质量做好全民阅读规划

全民阅读作为一项覆盖面广、涉及面大的工作，也应当抓紧进行"十四五全民阅读发展规划"的制订工作。回想"十三五"之初，一份史无前例的全民阅读5年发展规划，何等激动人心，何等鼓舞士气，为全民阅读工作的开展明确了方向和路径、方法，在顶层设计上，为此后几年来全民阅读的成效和繁荣景象提供了重要基础。我们建议相关部门，认真总结吸取"十三五"全民阅读的有益经验，切实制订出一份更具新意和活力、更具创新精神的高质量的"十四五"全民阅读发展规划。

（二）构建覆盖城乡的全民阅读推广服务体系

到2025年，基本形成覆盖城乡的全民阅读推广服务体系。

一是优质阅读内容供给能力显著增强。这就要求"十四五"时期出版业加强优秀出版物的供给能力，还是要多出"好看耐看"的书，让更多的人爱上读书，读有所得，读有所乐。无论纸质出版物还是数字出版物，无论是网络传播还是实物销售，核心要求只有一个，那就是"开卷有益"，有益于世道人心。

二是全民阅读基础设施建设更加完善。这就要求"十四五"时期对全国乃至各地实体书店、图书馆的建设有一个规划，不能只用市场经济规律来对待实体书店的生死存亡，因为这里还承担着服务全民阅读的公益责任，当地政府理应予以政策和经费上的合理扶持。图书馆正在努力推行总分馆制建设，希望各地的分馆建设和运作更多地覆盖到距离城市特别边远的地区。农家书屋的数字化转型升级正在加大力度推进，但是农村阅读最重要的任务还在于有效引导，要高度重视引导农民读以致用，需要组织更多的志愿者、阅读推广人到农村开展深入浅出的导读。

三是全民阅读法治化建设取得重要进展。虽然我国已经有《中华人民共和国公共文化服务保障法》《中华人民共和国公共图书馆法》两部关系到全民阅读的法律得到制定施行，可是毕竟这两部法律还不是直接以全民阅读为主要调整对象的法律。希望"十四五"时期，国家继续加强全民阅读法治工作，应当明确社会各主体推广全民阅读的职责。当前，在有关全民阅读的各项法规规章中，对于社会各主体推广全民阅读职责的表述存在着一定的差别：涉及政府部门，一般措辞为"应当"，明确了其在全民阅读各项活动中的职责，而针对各类组织、机构，则多是使用"鼓励""支持"等词汇，这就有可能影响相关条款落地的实效程度，一定程度上也制约了其他社会主体在全民阅读工作中效能的发挥。

此外，"十四五"时期，还应当细化对特殊群体阅读权益保障的具体要求。对权益的最好保障当然就是出台相应的法规规章。保障阅读者的权益，特别是弱势群体的阅读权益，是全民阅读均等性的重要体现，也是对每一个阅读者追求无限可能与自我提升的鼓励。当前我国对特殊群体阅读权益的说明通常零星分布于全民阅读相关规章中，尚未出台专门法规，这在一定程度上弱化了权益的保障成效。随着我国综合国力的增强，在保护全体公民阅读权益的基础上，应进一步规划、完善对重点人群、特殊人群阅读权益的保护工作。

(三) 重视阅读推广人队伍建设

阅读是一门科学。开展全民阅读,不仅是要让更多的人读起书来,更重要的是,要让我们的国民阅读力得到更大的提高,从而建设学习型社会,成为创新型国家。全民阅读工作应该高度重视全民的阅读能力的培养。要实现这一目标,首先要拥有一批具有一定专业能力的全民阅读推广人。全民阅读推广人不仅要善于引导民众的阅读兴趣,帮助民众形成阅读习惯,还要善于教授阅读方法。一定意义上来看,全民阅读推广人肩负的是促进全民阅读量和质共同飞跃的重任。正确引导阅读行为、挑选优秀阅读文本、构建健康的阅读心理等都是阅读推广人的职责所在。即便在不断加强学生阅读能力培养的中小学校,也明显看得出不少在职教师在阅读教学上感到心有余而力不足,亟须在阅读学方面得到专业帮助,更不要说社会上的广大人群,家庭阅读、亲子阅读往往随意进行,社区阅读、农村阅读的许多人也不明白从何入手,亟待阅读推广人发挥作用。可以说,全民阅读目前缺少的不是参与的人群,而是缺少称职的阅读推广人。全民阅读要达到提高国民素质和社会文明程度,特别是提高学习力、创新力的目的,培养阅读推广人势在必行。"十四五"时期,我国各地应当加强全民阅读推广人队伍建设。要建设好阅读推广人队伍,需要加强制度化建设,制定明确的细化标准,要有专门知识的学习和阅读实践的训练,空泛的号召只能造成实际培养工作中标准的下降和培养水平的降低,终将影响全民阅读推广的效果。"十三五"期间,不少省份虽然启动了全民阅读推广人队伍建设,可是从总体上看,尚未形成系统、完整的制度,尤其是在专业能力的要求上明显不足。"十四五"时期,各地都需要加大全民阅读推广人培养的力度,要在队伍建设上做到规范化、制度化,在业务培训上加强专业化。全民阅读正由于其群众性,在活动的组织工作上难免存在着较大困难。一支相对稳定且专业水准较高的推广人队伍对于提高这项活动的吸引力、感召力具有较大作用,应当引起各相关部门的高度重视。

全民阅读是一项政府主导、社会参与、全民践行的活动。在以习近平同志为核心的党中央高度重视下,"十三五"时期,这项工作已经奠定了比较坚实的基础,即将开局的"十四五",只要认真、全面、科学地做好专项规划并切实施行，必将取得新的更大成效。党中央已经提出2035年建成社会主义文化强国的远景目标，那么，这一远景目标实现之时，必定是国民阅读状况得到明显改善之日，而全民阅读在这一进程中应当发挥极为重要的基础性作用。为此，全民阅读工作必须保持持续深入推进的态势，为建成社会主义文化强国做出贡献。

第四章 智慧图书馆服务模式探索与建设

第一节 智慧图书馆视角下的公共图书馆阅读推广模式

一、智慧图书馆建设原则与内容

(一)智慧图书馆建设的原则

1. 标准化和规范化原则

智慧环境下,图书馆信息的采集和加工,传播和利用,都是以网络为依托的。"无处不在"的互联网,对于图书馆建设的便利性是不言而喻的,但若要形成全国范围内的图书馆事业体系,甚至全球范围内的共建共享,统一的标准和建设规范是必不可少的。由此可知,标准化和规范化会直接影响智慧化建设的成败。例如国际上通用的数据格式标准规范,统一的网络通信协议,符合行业标准规范的设备等,统一的标准、规范、协议,以及可兼容的软硬件,在数字资源系统建设、技术平台构建、信息服务系统开发等过程中,都是至关重要的,在图书馆系统互联互访到其他系统的智慧化建设中,发挥着不可替代的作用。换句话说,智慧图书馆的未来建设,及其功能服务更好地实现,必须建立在统一的标准、规范基础之上。

2. 开放性和集成性原则

未来智慧图书馆的发展,将为读者提供智慧化程度较高的个性服务,同时,读者能够互动式或自主式的参与图书馆的服务与管理。在移动互联网的基础上,信息的创建和处理,传输和搜索,都会达到难以想象的高效和便捷,图书馆员不再是唯一的信息制造者和发布者,读者也将成为信息数据的创造者,使得信息的扩散更加迅速,信息在"图书馆-读者"之间的流动更加快而直接。智慧图书馆为用户提供的微信互动、微博分享,网上联合知识导航站,以及电话预约、就近取书等服务,降低了图书馆的进入"高度",

使馆员与读者、读者与读者、馆员与馆员之间能够自由互动、协同参与，在图书馆的管理和服务中，读者可直接或间接地发挥作用。

智慧图书馆是在云计算技术、物联网技术的基础上，实现各个文献信息机构之间，不同类型文献之间，实现跨系统应用集成，跨部门信息共享，跨媒体深度融合，文献感知服务和集群管理。上海图书馆的"同城一卡通"，使读者对可用一卡通借阅的文献的存储和流通状态，能够跨时空、实时获取，在237个总分馆中，跨空间的实现各个单一集群系统的互通互联。通过知识信息的共建整合，无障碍转换，跨时空传递等，实现集约显示、便捷获取，依靠集群化综合服务平台，使知识资源的视角不仅仅局限于点，而是扩展到条、面、区域，从而达到条线的交流，块面的联系，区域间的互动，实现智慧化运作。图书馆要实现服务创新，就必须依靠新技术的智慧化应用。

3. 共建性和共享性原则

全国范围智慧化图书馆体系的建设，一个图书馆的力量是有限的，短时间内很难完成智慧资源建设。几个图书馆之间的信息共享，通过共享人力、物力，可短时间内丰富馆藏资源，最大化的满足用户需求。由此可知，作为个体的图书馆，若想要尽快实现泛在化、智慧化建设，必然需要与其他馆合作，通过共建共享，贡献自己力量的同时，也获得更多其他馆的馆藏资源。

为实现信息资源共建共享，图书馆个体可以相互联盟，如国际上的OCLC（Online Computer Library Center，联机计算机图书馆中心），以及国内的CALIS（China Academic Library&Information System，中国高等教育文献保障系统）等，一方面，一定区域内的图书馆形成统一体，以联盟的形式采购图书、数据库等，从书商、服务商处获得较低的采购价格，不仅节省资源，也可扩大资源利用率；另一方面，各个图书馆之间可以共享技术、平台资源等，在数字化建设过程中，避免资源重复开发、节约成本，还能有更多的资源用于读者服务，促进图书馆的智慧化建设。

4. 智慧性和泛在性原则

图书馆的智慧化、泛在化主要体现在：①服务时间和服务空间：无线网络技术的发展，更加智能的自动化服务系统的出现，实现在网络所覆盖的地区，都能体验到的图书馆服务，且连续 $7\times 24h$ 的服务。图书馆用户通过终端设备，可以不受时间、地点限制地享受数字资源、服务。②服务对象和服务模式：移动通信技术的发展，图书馆的服务模式势必要发生改变，为所有连入网络的用户主动推送资源、服务，不再仅限于到馆用户，每个人都能公平地获取所需资源和服务，真正地扩大图书馆服务对象的范围。③服务内容及服务手段：泛在环境下，图书馆之间资源的共建共享，使得图书馆用户可获得资源服务，不再仅限于本馆的馆藏，而是整合不同平台的资源，如共享资源中心、互联网和开放知识库等，同时，对信息加以归纳整理、去伪存真，然后供用户使用，如通过网站、WAP 平台拓展数字化资源的利用率。

由此可知，时代背景和技术环境的变化，图书馆的建设发展务必要遵循智慧化、泛在化的原则，才能真正体现图书馆的社会价值。

(二) 智慧图书馆建设的内容

随着社会的数字化、网络化发展，各种挑战接踵而至，图书馆就要不要转型、如何转型，一直面临着各方面的压力。换个角度，社会的发展，也为图书馆开创了一个前所未有的时代，包括传统的馆舍、资源建设以及服务创新、合作共享、数字平台建设，阅读推广等等，都是图书馆的崭新成果。移动互联网、物联网的出现，平板电脑、智能手机及可穿戴设备等载体的应用，使用户需求发生了巨大变化，不再是以往的简单获取文献，而是直接获取知识、享受智慧服务，随之而来的是图书馆服务模式的与时俱进。

1. 图书智能分拣、盘点系统

RFID 标签的使用，改变了传统的图书馆工作流程，配合 RFID 设备的使用，图书馆管理数据流的业务流程为：采编 - 分拣 - 盘点 - 借阅。图书进入图书馆后，要先进行分类编目、标签工作，后由自动分拣系统分配上架，供读者借阅。读者通过自助借还设备归还图书，分拣系统对归还图书进行整理，后直接分配、上架。另外，由于每本图书都有专属的 RFID 标签，图书的清点工作便变得简单，可通过 RFID 读写装置自动清点，并实时更新图书的存放位置，清楚图书的在架情况。目前，国内图书管理系统研究较成熟是深圳市远望谷信息技术股份有限公司，具备不同功能的 RFID 设备，在全国三百多家图书馆投入使用。

2. 馆内自助系统

(1) 自助借还一体机

自助借还一体机是射频识别技术的一种应用,通过自助借还系统,读者不再局限于服务台办理图书借还,而是读者自助进行操作的一种设备。拥有图书馆智能卡的用户,借书时只需将智能卡片、待借图书放在各自的感应区内,由自助设备自动扫描识别,读取卡片上用户的个人信息、书籍信息,然后用户核对信息并确认借阅,即完成整个借书过程。相对于借书过程,读者的自助还书过程更加简单快捷,只需点击自助设备显示屏上的"还书",后将所要归还图书放置感应区,然后确认信息并归还,无须出示借书卡。另外,可同时借还多本图书,自助借还系统可24小时连续服务。自助借还设备的使用,不仅方便读者,减少馆内工作量,更提高了图书的流通速率、图书馆的服务品质。

(2) 座位预约系统

座位预约系统同样是RFID技术的一项应用,实现了图书馆内用户与设备的互联。在每个椅子中植入重量传感器,通过馆内的无线网络,发送是否空闲的信息,控制中心汇总所有信息,在显示屏上以图像形式展示,读者可到馆预约,也可通过"我的图书馆"在手持终端预约,座位自助预约系统是图书馆智能化、人性化的体现,用户可根据喜好预约。但对于恶意预约用户,通过限制预约权限、减少借阅数量等形式进行惩罚,以杜绝此行为的出现。

(3) 图书馆多媒体终端机

读者自助操作,进行图书馆导航,以及书目检索和报纸期刊的阅读,还能用来宣传展示图书馆。

(4) 自助打复印一体机

用户可根据需要,进行自助打印、自助复印,也可将自己需要的纸质图书资源,自助扫描到自己的邮箱,并可通过网络,完成异地打印。

(5) 触摸屏阅报机

馆内配置多台触摸屏阅报机,供读者阅读报纸、期刊,并能够进行图书馆3D全景地图导航。

3. 智能管理和安全系统

(1) 综合能耗管理系统

在智慧城市的大背景下，智慧图书馆的建筑主体务必要达到环保、节能的标准。综合能耗管理系统，是在图书馆内部相关设备内嵌入传感器，以便实时控制整个图书馆的内部环境，包括空调、照明、给排水等，在确保读者人身安全的同时，为其营造舒适的阅读环境，并对馆内设备进行在线监控，确保其最佳运行状态和最低能耗。并根据图书馆所处的地理环境，选择绿色环保的建材，充分利用气候因素，实现智慧图书馆的安全、节能。

(2) 图书安全防盗系统

图书安全防盗系统包括 RFID、磁条双重防盗系统。合法借阅的图书，需满足三个条件，即 EAS 防盗位，EPC 编码字段中的标签类型位，消磁。联网状态下，对图书实时监测，如有不合以上三个条件的图书，系统将进行声光报警；脱机状态下，此防盗系统可以实现离线报警。北京超讯科技公司开发的，适用于大型图书馆或书店的 EM-2005 电磁波防盗系统，灵敏度高，盲区小，功耗低，寿命长，并能实现多通道联机使用，各通道之间，可实现单独报警。采用全数字调制技术，配合微电脑控制技术，具有较强的抗干扰能力，因此，能够很好地避免金属干扰引起的纠纷。

(3) 智能门禁系统

智能门禁系统一般由门禁控制器和门禁读卡器，门禁管理软件、电控锁和开门按钮，以及管理电脑和门磁等主要部件构成。具备联网功能的智能门禁系统，在集成安保系统的同时，还能集成报警系统。当图书馆内因为异常发出火警警报，门禁系统自动打开消防门、其他安全出口。另一方面，消防门上的电控锁，能够实现火灾时断电，为馆内人员提供逃生路径。

4. 移动服务建设

进入 21 世纪后，随着互联网和信息技术的发展，移动服务方式，从短信服务发展到网站服务，再到移动 APP 服务；服务载体，从普通手机到智能手机，电子阅读器、平板电脑等，使用户可以随时随地，接受或访问图书馆的数字化服务。总地来说，移动服务，是图书馆事业上的一次移动革命。

智慧图书馆广泛互联互通的特点，使其能够实现手机、阅读器、IPTV(互联网协议电视技术) 等之间的无缝对接。以手机、平板电脑等移动设备为载体的手机图书馆,通过无线上网进行信息的双向传播。基于3G、4G手机高速浏览网页的功能,图书馆与数字图书馆之间可实现连接;借助移动短信咨询平台、移动阅读和交流平台,以及网络信息浏览平台,为读者提供书目查询服务,图书的续借、预定和到期提醒服务,参考咨询、读者荐购、个性化定制及移动阅读等服务。读者可以使用手机进行操作,随时随地进行书目检索、图书预约续借和到期查询,获取图书馆的公告信息和讲座预告信息,简单方便。通过相应接口的开发,利用数字图书馆与数字电视的交互,实现二者的互联。用户只要在家通过电视,就能对图书馆的图书进行预约、续借、查询借阅信息,阅读馆藏电子书刊,观看视频公开课资源。

5. 智慧空间重构

互联网时代,以安静的阅览室为主体的图书馆结构,已经不能适应用户的需求。在世纪之交,开放获取运动应运而生,由此,不仅推动了信息的开放和共享,也促进了图书馆管理与服务的转型,催生了信息共享空间(Information Commons, IC)的发展,这对于图书馆来说,无疑是一次转型的机遇。全球范围内,在信息共享空间的引领下,出现了图书馆空间再造的热潮。1992年,美国的艾奥瓦大学,第一个将电脑室、视听室、阅览室结合在一起,以讨论和交流为主要功能的信息共享空间出现。于是,各种形式的信息共享空间,便如雨后春笋般发展起来,如学习空间,创客空间,联合办公室等。

信息共享空间是一种创新服务模式,以促进图书馆用户交流、学习、协作和研究,培育用户信息素养为目标。美国北卡罗来纳大学Charlotte图书馆IC前负责人Donald Beagle,从两方面进行解释:①一种独特的在线环境。该环境下,用户可通过网络工作站上的搜索引擎检索馆藏及其他数字资源;同时,通过用户界面,便可获得多种数字服务。②一种新型物理设施和空间。它是一种新的信息环境,可以是图书馆的某个部门,或某一楼层,或独立的物理设施;在数字环境下,整理管理工作空间、提供服务,并在第一种模式的基础上,增加了图书馆员的服务。浙江大学图书馆信息共享空间建设相对较成熟,于2012年9月正式对外开放,在原有电子阅览室基础上改造而成,主要包括8个功能区:多媒体空间、知识空间、学习空间、研究空间、文化空间、系统体验空间、创新空间、社交空间。

6. 泛在智慧服务建设

图书馆文献服务，是以文献载体为主；图书馆信息服务，是以信息传播为主；图书馆智慧服务，是以知识传播为主；相比之下，图书馆智慧服务，以用户的智慧生成过程为中心，以智慧创造为目的，培育用户运用、创新知识的能力，根据用户的需求偏好、心理认知，为其提供个性化服务。例如，图书馆用户进行资源检索时，图书馆不仅能反馈原始信息，还能快速分析检索结果，组织成综述、研究报告，供用户参考使用，并能按照用户需要的格式，从多种形式的用户终端导出。

泛在网络环境下的图书馆，一改传统服务模式的局限，使服务定位从用户的角度出发，进行服务拓展，使信息资源占有力、信息检索效率得到重点提高，更重视用户的个性化需求。智慧图书馆将服务融入学习和科研中，通过移情感知，获得用户的原始数据，利用数据挖掘技术，获取隐性知识，主动为用户提供个性化、集成化的泛在服务。

情景感知服务。移动环境中，通过智能终端，使用移动传感设备，例如RFID、蓝牙、GPS等，采集读者的原始情景信息；通过读者登录时的账号，感知和捕捉其所处位置，借阅记录和偏好等的动态信息，并进行分类和过滤处理。

订制服务/聚合服务。订制服务（RSS 服务），是基于 RSS 即信息聚合技术开展的个性化服务。RSS 具有过滤信息，聚和信息，推送信息的功能，因此在图书馆的具体应用有：新书通告，电子期刊 RSS 服务，读者个性化信息的定制服务等。

推送服务。根据用户信息需求，智能分析用户请求，通过数据挖掘等分析技术，实现主动推送。基于图书馆泛在云平台，通过语义关联技术，依据用户的历史访问记录，记录用户的关注领域，进而推断其喜好特征，建立需求预测模型。通过电子邮件和 RSS 等手段，向用户推送动态科研信息。

预约服务。包括纸质资源和数字化资源的预约，自习座位、研讨室等其他移动设施的空间和设备预约，以及培训预约等。

7. 智慧机器人

按照系统功能的不同，图书馆智慧机器人服务大致可分为以下五种。

（1）自助图书馆，其智能化程度较低。最早出现在美国，是一种迷你型图书馆，能够提供 24 小时图书借还服务，但局限于面向少量读者。近年来，服务方便快捷的自助图书馆，在我国各地陆续出现，如首都图书馆北门、香港科技大学的自动图书馆等。

（2）机器人与立体仓库的结合应用系统，用于提高大型图书馆的自动化处理能力，如自动存取中心（Automated Retrieval Center, ARC）概念、机器人堆叠书库管理系统等，主要用于完成图书的存取。ARC 系统存在缺陷且造价昂贵，虽然工作效率和自动化程度非常高，但很难推广。截至目前，我国图书馆中还没有这类设备。

（3）图书搬运机器人系统（AGV），具代表性的是：德国洪堡大学图书馆的 AGV 系统，可以完成图书的分拣、上架，但该系统成本为 38 万欧元；日本大阪市立大学图书馆的 AGV 图书馆机器人，价格低廉，工作效率高，但只能完成图书的搬运、放置等简单的重复性工作。

（4）全自主智能图书存取机器人系统，能够自动完成图书搬运与存取，上下架、整理等一系列操作，智能化、自动化程度较高，目前尚处于研究探索阶段。

（5）智能参考咨询机器人，大致可分为：数字参考咨询软件、IM（即时通信）软件、用户定制软件。IM 软件，如清华大学图书馆的智能"小图"、上海交通大学图书馆的"小交"，因其成本低廉、交流便捷、用户基础广泛等特点，一经推出便倍受欢迎。

二、智慧图书馆知识服务延伸与资源情境建构

（一）智慧图书馆知识服务延伸

1. 智慧图书馆知识服务延伸的目标

智慧图书馆知识服务延伸要从过去的资源驱动型，向服务主导型转变。具体表现在资源建设上，从以图书馆为中心的资源拥有，向以用户需求为导向的资源获取上转变；在资源形态上，表现在从以纸质资源为主向纸电（纸质和电子）资源合理搭配、空间资源再造和人力资源再造上转变。表现在服务内容上，从简单提供文献和数据向提供信息、知识和智慧的服务转变；从单一的文献提供向立体式的创客空间、学习平台提供的转变；从整册文献的

借阅服务向碎片化知识的获取转变。智慧图书馆知识服务延伸涉及的过程从保存和提供研究成果扩大到提供信息、参与分析研究过程的转变。智慧图书馆知识服务延伸功能从以文献提供为主的服务向以信息输送、数据挖掘、空间再造、知识发现、智慧服务功能为主的"以人为本"的服务功能转变。因此缩小用户个性化、多层次的知识需求、感知体验与实际使用状况之间的差距，即也是智慧图书馆知识服务延伸的目的，需分别升级优化智慧图书馆知识服务的互联情境、资源情境和服务情境的易用性、有用性、激励性等功能，实现从平台技术、资源内容、服务程度的关注跃迁到对用户的关注。总之，智慧图书馆知识服务延伸的最终目标是提高智慧图书馆知识服务能力和水平，满足用户日益丰富的多样化、个性化需求。具体来说，智慧图书馆知识服务延伸是利用物联网技术实现资源的数据化，应用元数据收割，建立数据仓库；在数据互联的基础上进行大数据的存储与计算，形成第一手可靠的信息资源；在信息采集的基础上，对资源进行重组，通过资源再造，建立知识库体系，实现信息的知识化；在情境感知的基础上，构建精准化服务平台，提供个性化的知识服务产品，实现知识的智慧化，并最终利用大数据分析工具，进行机器学习，挖掘用户偏好，推荐个性化知识产品，实现精准化服务。

  互联情境是智慧图书馆知识服务情境功能的技术保障，互联情境的无障碍化联通与普及取决于物联网的支持性情境技术及知识服务平台的易用性与受众感知。资源情境是智慧图书馆知识服务的物质基础，为提高资源内容质量而进行的资源重组及资源再造关系着用户知识挖掘、知识联想、知识利用与知识创造等活动的顺利开展。特别是人力资源又成为智慧图书馆知识服务延伸的第一资源，是应用新兴技术于知识服务过程中并进行资源再造、知识创造和智慧服务的关键所在。服务情境是在技术互联情境与资源情境联合作用下联通智慧图书馆知识服务场域各要素的融合，服务个性化和精准化适配激励功能体现智慧图书馆知识服务的最终绩效。互联情境、资源情境和服务情境在智慧图书馆知识服务延伸机制中交叉融合与相互作用，共同影响并决定着知识服务水平及用户的感知体验与满意度。

  综上所述，在新的技术环境下，以关注用户的需求为导向，具体实现以下几个方面的目标。

（1）关注平台与技术升级。平台与技术升级就是要对用户需求变化及体验感知完全实现无障碍互联且以提高用户的感知易用性为目标。在互联情境构建中着力提升智慧图书馆知识服务平台对不同类型互联终端、不同地理空间环境、不同区域时段的交互支持力度，以满足不同类型和不同层次用户在任何时间、任何地点的信息交互需求，提升互联场景的易用性功能。设备的易用性指的是用户在使用知识服务平台时感知的易操作性以及平台的兼容性、流畅性、反应速度以及安全性等，各种互联设备的操作界面设计更加符合人性化要求，感知易用和美观并符合用户的使用习惯，保证服务平台支持系统的可维护、可拓展和可修复性，提升知识服务多平台的数据切换与共享以及保障资源组织的科学合理。

（2）关注资源建设质量实现资源再造。资源质量的保障主要通过对资源采购与组织活动进行监管，实现资源内容的精细化重组与语义化情境再造，从而提高资源利用过程中用户的感知有用性与针对性。资源情境构建中，既要保证智慧图书馆知识服务应运中资源的更新速度，以满足用户前沿的信息需求；又要保证信息资源的专业化水准、内容的契合程度，以满足用户精准的信息需求。在资源再造情境构建中，要通过语义化情境再造完成以资源内容的精细化重组，保障用户信息获取的标准化、知识化和可视性，有必要促进平台信息描述、符号价值和意义的统一，确保信息表达与组织的结构性、系统性、直观性、多维性与融合性。

（3）关注人力资源的培养、开发与利用。专业馆员服务能力和要求的转变，应该以其职能的转换升级为导向，以馆员能力培养为依托。在智慧图书馆知识服务中馆员的能力至关重要，起着首要作用。馆员能力不仅可以激发服务对象的潜在需求，协调馆员与用户之间的关系，提高管理水平，而且主导着图书馆服务的广度与深度，因此加强专业馆员人才的培养就显得尤为迫切。知识服务馆员能力要求逐步从简单到复杂，从单学科到多学科，从数据、信息服务到知识、智慧服务，所要求的专业技术水平不断提高，知识服务所要求的专业馆员朝着专业化、集成化、学科化和技术化方向发展。因此提出具有竞争激励机制的制度安排和符合实际的培养方案，是图书馆知识服务迈向成功的保障。

（4）关注服务激励与适配性。服务的激励是指通过服务资源情境的优化、互联情境的升级吸引和带动知识服务主客体以更加热情的态度投入到智慧图书馆知识服务的实践中去，从而完善和发展知识服务的内容和功能。为此要从两个方面着手。一方面，应扩大知识服务的柔性机制，为用户着想减少其时间、精力投入，使其以最小成本便利、快捷地获取信息，保证服务过程的流畅性、友好性与安全性，以实现服务流程的标准化；另一方面，服务过程应能够根据用户个性情境进行"私人定制"，平台发布信息的数量应考虑用户的接受能力以使用户的信息诉求得到快速的响应，也就是要提供服务情境的个性化，根据协同创造的要求在知识创造、协同利用、共建共享中保证服务的舒畅与融合，最终实现各服务功能与服务情境内容的个性化。

2. 智慧图书馆知识服务延伸的原则

智慧图书馆知识服务的受体是用户，以用户的需求为导向是图书馆知识服务的根本原则，因此一切知识服务活动都应该围绕提高用户的满意度和改善其感知体验进行，这也是提高智慧图书馆知识服务延伸质量的关键。具体应遵循以下设计原则。

（1）用户需求导向原则。这是智慧图书馆知识服务延伸的根本原则。用户是智慧图书馆知识服务的受体(或对象)，是智慧图书馆知识服务的接受者、体验者和评价者，是智慧图书馆开展知识服务活动的内在动力来源。所谓用户需求导向原则就是要以用户为中心，想用户之所想，挖掘开发其需求，尽图书馆的能力解决用户的现实问题，此外还应该充分发挥用户的能动性，促使其参与到智慧图书馆知识服务中来，配合图书馆资源情境建构与服务平台的推广应用，对服务绩效进行反馈与改良建议等。总之知识服务延伸一定要调动用户对智慧图书馆知识服务参与的主动性和积极性，激发用户的持续使用意愿。

（2）包容性原则。智慧图书馆知识服务是新兴事物，在服务流程尚未标准化以前出现这样或那样的问题都是难免的，因此需要各方都有一种包容性的态度，允许出现部分不完善甚至错误，只要是出于对用户知识服务负责的态度，抱着解决问题发展服务的心思意念，任何的出错都是可以谅解和消除的。

（3）互联情境的易用性原则。智慧图书馆知识服务所依赖的技术情境也是不断发展构建的，用户对智慧图书馆知识服务平台的利用不再局限于一家图书馆或一个平台等物理空间，而是实现突破时空限制的泛在层面的利用,是期待智慧图书馆知识服务应用能更人性化和便捷化,突破时间、地域空间、物理设备支持的局限,可以随时随地实现跨平台与多情境的信息资源共享、协同创造与开发,因此智慧图书馆知识服务应努力提高互联情境的易用性。

(4) 资源重组与资源再造的有用性原则。提高信息资源的利用率,发挥资源情境功能在知识服务中的作用,这是提高智慧图书馆知识服务绩效、降低服务成本的重要手段,也是智慧图书馆知识服务得以顺利开展的重要途径。图书馆各种资源既是智慧图书馆知识服务开展的根基,也是智慧图书馆知识服务成效实现的依据。智慧图书馆知识服务资源情境建设与资源再造升级是否成功,关键看其利用率与有用性功能的发挥,这是衡量智慧图书馆知识服务绩效的重要内容,用户在资源情境中的获得与感知体验取决于资源建设情境的权威性、准确性、专业性、新颖性和时效性,以及资源再造情境后碎片化重组的关联性和语义化知识的专业性,使资源情境中的信息或再造资源更具知识性、专业性、智慧性以及可视化。

(5) 服务的适配性原则。服务适配可以激发用户持续使用的兴趣,也是智慧图书馆知识服务流程标准化和情境内容个性化、精准化的发展方向,是实现智慧图书馆知识服务绩效的重要保障,体现在知识服务整个过程的及时性、适量性、针对性、协调性、适应性和有效性,其总体适配程度是衡量和影响智慧图书馆知识服务绩效的关键性因素。

(6) 情境功能的拓展性原则。知识服务过程中的信息交互是智慧图书馆知识服务延伸的必要程序,信息交互行为可以减少知识服务过程中的磨合与无序行为、增强服务的愉悦性与自适应匹配功能,促进用户在智慧图书馆知识服务情境中的良好感知生成。因此,从互联情境、资源情境到服务情境进行交互拓展性功能设计,可以提升智慧图书馆知识服务延伸的丰富性和可能性。互联情境要以易用性、便捷性和可用性为重点进行服务平台设计,资源情境要以有用性、专题性为重点进行内容甄别、筛选,实现情境再造与整合,服务情境则要以激励性为重点,实现服务流程的标准化和情境内容的个性化配置。

3. 智慧图书馆知识服务延伸优化路径

在智慧图书馆知识服务延伸的动力反馈机制分析的基础上,将对互联情境的易用性、资源情境的有用性和服务情境的激励性功能进行延伸路径的探讨。

(1) 互联情境易用性延伸优化路径

互联、智能化特征是智慧图书馆的基本特征之一,而这些基本特征都来源于智慧图书馆知识服务平台建设的互联情境的易用性。围绕着智慧图书馆知识服务场域空间的时空利用限度、平台技术支持度、终端兼容性、设备易用性等影响互联情境的易用性因素,智慧图书馆知识服务情境交互易用性功能的提升可以分别从技术手段(物联网技术、云存储、云计算、人工智能等)提升路径和物理设备(平台、空间、物联网设备等)的改进路径进行。

智慧图书馆知识服务延伸易用性的提升可以从技术手段的易用性和物理设备的易用性开始,逐步细化到子级指标,从而可以促进不同情境功能的优化,达到总体上优化智慧图书馆知识服务互联情境的易用性功能。延伸路径从以下两个方面入手:①智慧图书馆知识服务的平台建设与内容创新离不开新技术与新方法的支撑。通过物联网技术使用户端延伸和扩展到了任何物品与物品之间,进行信息交换和通讯,提升用户位置感知度和时间灵活度,以实现智能化识别、定位、追踪、监控和管理,为用户提供全方位感官的智能化融合,增强互联情境的便捷可用、易用性功能。合理运用智慧图书馆 MVS 知识服务平台架构、云存储、大数据和云计算等技术实现由互联客户端、WAP 站点、RSS 源、微信公众号平台、官方微博、APP 等智慧图书馆知识服务交互平台的数据共享、交换和系统集成,延伸了互联情境的易用性功能。②为了减少时空限制和空间再造,知识服务平台在及时、灵敏地捕捉用户的空间位置时可借助红外感应器、全球定位系统、射频识别(RFID)、激光扫描器等信息传感设备,增加系统粘附性和交互性以及用户角色互换等,获取用户实时状态。以 Android 和 iOS 等系统的知识服务互联设备,其情境的拓展性和易用性在开发权限下得以实现文字、图片和控件弹性等形式的资源的顺畅交换,增强便捷性,延伸了物理设备的易用性功能。

(2) 资源情境功能有用性延伸优化路径

资源情境功能的有用性是智慧图书馆知识服务延伸的基本要求。在智慧图书馆知识服务中,如果资源利用率低说明用户的使用意愿低,会负面影响用户的满意度,也会严重阻碍智慧图书馆知识服务工作的开展与推进。因此要重视智慧图书馆知识服务资源建设、资源再造有用性功能的延伸。资源建设的有用性体现在资源的特色、新颖、可靠和全面上，这些要求应该从信息资源的采购上加强监管，要更新速度并保障第一手资料的客观性和真实性，在信息客观性上进行资源建设，从而在资源建设有用性功能延伸路径上达到智慧图书馆知识服务延伸的目标。资源再造或重组的有用性以元数据化、语义化、情境化和知识化为衡量标准，建立这些标准可以从语义化信息描述、聚类、整合、关联、归拢和可视化技术的应用方面进行功能延伸路径的设计。

为了保障智慧图书馆资源情境的有用性功能，从资源建设有用性和资源再造（重组）有用性优化升级资源情境的有用性功能。智慧图书馆资源情境的延伸路径如下：①资源建设情境有用性功能延伸路径。用户对智慧图书馆知识服务使用意愿和兴趣受到资源内容的全面性和新颖性的影响，智慧图书馆应及时更新资源、丰富扩充资源库、增加投入等手段提高自身的全面性、凝聚力、新颖性、吸引力、黏性，便于用户掌握前沿动态。智慧图书馆还需从客观角度保障资源的权威性、可靠性、准确性和特色程度等客观性，为了资源内容的客观性，应严谨把关第一手资料并甄别、考证、评估其来源和内容，保证质量和专业需求一致性。另外，通过建立专题库、机构库等知识库来形成每所智慧图书馆独有的资源特色以提高智慧图书馆知识服务交互信息的特色、准确程度和有用性。②资源再造（重组）情境有用性功能的延伸路径。用户信息检索、数据分析、知识利用和个性化推荐离不开资源再造，资源再造的内容精细化重组涵盖了元数据化归拢和语义关联，以及为了信息知识化和可视化建立情景化资源库。可以通过可视化归拢、聚类算法进行资源内容的整合加工保证资源内容精细化、个性化重组的标准程度，通过信息关联与语义强化发现信息资源的知识价值属性，通过对资源内容精细化重组的可视化以提升资源利用的有用性，从而实现资源情境服务功能的延伸。

(3) 服务情境激励性延伸优化路径

知识服务平台能及时捕获特定情境用户需求并推送合理的资源内容，支持智慧图书馆实现多元化、层次化、个性化和精准化的服务目标，在实现目标的过程中存在着人机交互服务情境的适配性和激励性设计。智慧图书馆知识服务情境的适配性和激励性表现为：①服务流程标准化适配和激励，体现为稳定性、标准性、可移植性、可整合性等；②服务内容个性化适配和激励，体现为适时适量性、友好性、便捷性、有效性、安全性、适应性等。因此，从服务流程标准化和服务内容个性化角度优化智慧图书馆的延伸路径。

从整体上服务流程标准化和服务内容个性化操作层面提升智慧图书馆适应不同情境交互服务的适配性和激励性功能。具体路径如下：①服务流程标准化适配、激励的延伸路径。智慧图书馆服务情境的流程标准化适配是基于服务平台系统的技术和服务流程因素提出的，关注的是服务流程是否标准和规范、服务平台是否稳定、安全与友好，服务是否支持模块化移植以及平台是否支持数据资源的整合等等。在服务过程中，智慧图书馆服务平台的可拓展性和可优化性融入了人性化和以人为本的设计理念，减少用户的时间精力，系统平台在服务内容、水平和层次上满足用户自由调度和使用资源内容并及时更新采购等；在系统设计中，智慧图书馆还应具备容错性。因为即使是在规范流程的指导下，用户出错也是不可避免的。容错性的设计可以防止系统因用户操作出错而不反馈、死机和崩溃等现象，在错误产生时，可以减少错误带来的损失并允许用户返回到最近的正确步骤继续操作，使系统保持稳定；在资源整合中，智慧图书馆数据资源的急速增量性，需要组织资源，实施数据挖掘、聚类融合从而发现知识，提高服务系统的可整合能力。②个性化适配的延伸路径。个性化适配是指智慧图书馆向用户提供的服务内容与用户个体需求相适配，表现为界面的友好性、交互的可操作性、服务内容的适时适量与多样性。在满足个性化需求并激励用户持续使用服务方面，个性化适配起到了正向激励作用，其纪律性增强了用户黏性。智慧图书馆知识服务延伸应实现服务的适时适量性能、协调共创性能、适用性能、有效性能等。适时适量性能是指智慧图书馆具备及时合理地满足用户个性化需求的能力，推荐符合用户偏好的知识服务；协调共创性能是指智慧图书馆允许用户共享与利用信息，在交互区域进行知识交流和协作，促进知识发现等；适用性能是指智慧图书馆为了迎合用户不断变化的需求，服务系统应具备升级自身的应用能力和扩展能力，适应用户和环境的变化；有效性能是智慧图书馆为了减小用户期望和实际感知的差距采取了智慧推荐服务，通过追踪捕获用户的行为偏好和习惯喜好的数据，依据数据分析结果，智慧地推送预测信息，提高用户信息获取的有效性。

(二) 智慧图书馆资源情境建构

1. 智慧图书馆资源情境的内涵与要素

情境感知是智慧图书馆知识服务延伸的显著特点,突出体现在智能服务上,即依据用户的情境信息提供灵活的、个性化的知识给用户,依靠情境感知技术实现信息推荐的智慧服务。资源情境是整个图书馆知识服务的根基,主要包括资源建设情境和资源再造情境的相关内容。在资源情境中,大数据环境使用户的知识创新、技术创新、管理创新都有了新的发展形态,随着科研第四范式的出现,信息来源更多地依赖知识网络、开放创新与协同创造,这些因素都成为创新2.0模式下知识创新的发展方向,也是智慧图书馆知识服务延伸的情境因素。与创新2.0相比,图书馆中的知识服务模式发展进入4.0时代,与此同时,用户的知识创造呈现协同式创新模式,智慧图书馆知识服务延伸的任务是为智慧服务和协同创造提供资源保障与平台支撑。

智慧图书馆知识服务资源情境包括资源建设情境与资源再造情境。关于资源建设情境建构每个馆都有本馆的资源采购方式与途径,采访的原则和标准,但面向智慧图书馆的知识服务延伸,在功能拓展的基础,所需要的资源类型是与以前的标准、类型、占比都会有所变化。数据资源类型扩展到网络资源、移动视觉搜索(Mobile Visual Search,MVS)数据、HPC资源等。这样资源建设情境的组织机制也会随着资源形态和占比的变化发生相应的调整,这样组织机制中特别是资源存储的硬件设施、存储设备、网络设备和资源组织中平台的融合性能与云计算框架等,都有了质的飞跃。资源再造情境建构这是智慧图书馆知识服务延伸的关键。资源再造情境建构主要通过建立机构库、智库、学科库、知识库、三次文献库等专题库来形成每所智慧图书馆独有的资源特色以提高智慧图书馆知识服务推荐信息的特色、准确程度、全面性和有用性。资源再造情境策略机制是通过语义关联和情境建构利用各种资源库、语义标签库以及用户行为模型库等定制各种个性化推荐策略,最终形成专业水准的新的知识产品库。

2. 智慧图书馆资源情境的构成

(1) 资源建设情境

资源建设情境建构主要指的是基础资源情境的建设与优化配置问题。

基础资源指的是实体型的文献资源和虚拟的电子资源，包括现有馆藏，也包括自建、购买和租赁的可获取的文献资源和数据资源。资源建设情境包含了数据资源和资源的组织机制两方面的内容。智慧图书馆知识服务资源建设情境中的数据资源不同于传统服务下的数据资源，这里具体包括但不限于以下资源：虚拟资源、深度学习框架、HPC资源和集成工具箱等。利用虚拟化技术对资源进行加工处理而形成的虚拟资源更加有利于实现无缝链接，满足用户公开浏览与个性化获取，实现了资源管理的灵活性。随着科研第四范式的兴起，GPU等高性能计算硬件的开发，大规模训练数据已经出现在实验室和图书馆。Hadoop分布式框架可以协同式地组织虚拟资源，为智慧图书馆知识服务提供了一种经济、高效的计算平台。这个平台通过负载均衡对多台云服务器进行流量分发，使云计算具备高并发的能力，为智慧图书馆新型信息资源的获取、组织和存储提供了实现的基础。另外深度学习框架也能够为智慧图书馆知识服务过程中图像描述、提取和处理提供有效的支持。

(2) 资源再造情境

资源再造情境主要是对智慧图书馆现有的数据信息资源的进行关联、重组、定制加工、制定规范策略和加工处理机制，是对已有数据资源的价值提升过程。资源再造以元数据化、语义化、情境化和知识化为衡量标准，围绕这些标准因素从语义化信息描述、聚类、整合、关联、归拢和可视化技术的应用方面进行功能延伸。图书馆存储的文字、图像、视频等各种数字资源，都可能成为图书馆资源再造的对象，通过特征化标注、情境设计、关联算法可以对这些信息资源进行重新定义；用户的个性化情境包括其ID、性别、年龄、学历等信息在图书馆知识服务过程中建构智慧图书馆用户的行为模式，有助于进行个性化推荐服务。

资源再造情境对用户进行知识服务，开发利用资源内容进行个性化推送服务有着重要作用。资源再造所形成的内容碎片化重组，进行元数据化归拢、语义化关联，建立情境化资源库形成信息的知识化和可视化，这是资源价值增值的过程。通过可视化归拢、聚类算法进行资源情境的整合加工保证资源情境精准化、个性化重组的标准程度，通过信息关联与语义强化实现信息资源的知识价值增值，通过资源情境的可视化提升资源利用的有用性，从而实现资源情境服务功能的延伸。

3. 智慧图书馆资源情境建构的背景

数据、文献和电子资源是知识服务的物质基础，是服务的重要信息来源形式。为用户提供个性化、深层次服务是智慧图书馆知识服务的基本要求，在服务中要求资源内容与用户情境相匹配，同时还应具有相应学科的系统性，以便挖掘出更深更权威的知识内容。在知识服务中，智慧图书馆不仅要通过现代化技术手段进行检索、传递电子资源，更重要的是，为用户提供个性化情境相匹配的新型资源类型。随着信息资源获取的开放性和共享程度的提高，对虚实类型信息资源的特色要求更高。

另外图书馆表现在资源情境上有如下趋势：①从以图书馆为中心的资源拥有，向以用户需求为导向的资源获取上转变；②在资源形态上，表现在从以纸质资源为主向纸电（纸质和电子）资源合理搭配、空间再造（空间资源再造）和人员再造上转变；③相比传统资源形态的特点是更加突出学习共享空间、科研创新空间的建设；④学习空间已成为图书馆的一种新型资源，图书馆员的专业知识和服务能力将成为图书馆最重要的服务资源。

4. 智慧图书馆资源情境建构目标

（1）重视需求在资源配置中的决定性作用

图书馆全面进入数字化转型时期，当前发展形势表现出以下趋势：图书借阅量、入馆人次逐年下降，而电子资源利用率持续走高，电子教参、多媒体资源利用创新高。用户行为和需求的变化促使图书馆的资源和服务方式随之改变，以满足用户对于资源的需求。资源情境的新颖性和全面性对用户的使用意愿和兴趣有重要影响，因此要真正发挥用户需求导向的资源配置作用，需要加强资源情境的新颖性和全面性建设以提高用户的兴趣和意愿，释放知识服务活力，完善用户导向的资源情境建设与情境化评价制度，最终优化基础性资源的供给结构。重视需求在基础资源配置中的决定性作用表现在资源情境建设上，从以图书馆为中心的资源拥有，向以用户需求为导向的资源获取上转变。从资源情境、资源类型、建设标准和评价等方面以用户的需求为导向进行结构性调整，提高资源的质量和效用，优化资源的供给结构。

（2）完善形式多样的资源情境建设制度

受新兴信息技术的影响，用户的信息获取、资源利用方式和知识创造的形式也都有了新的变化。现在用户趋向于对知识内容而非文献的需求，从纸质资源为主转向以数字资源为主，实现资源形态从文献信息向数据知识的转型，因此在纸质和电子资源经费的投入上可以采取一抑一扬的调整计划。在采购方式上，实现多元化获取，从资源的"拥有"向资源的"获取"上转变，既可以购买，又可以租用，购买会持续但是租用比重可以加大。就学习资源来看，从过去以教科书、工具书为主转变为开放数据、网络课程、虚拟实验、教学模拟、教学演示、微型世界、认知工具等在内的各种新形态的学习资源。就资源的保存与评价看，开放式获取与信息共享成为不可逆转的趋势，从更广的互助角度来建设，不局限于个体馆的保存与利用，以实现资源的共建共享。总之，让资源情境化评价成为资源情境建设决策的重要依据。在资源情境、类型、采购方式、经费投入、共享模式等方面要采取形式多样的方式进行结构性调整，提高资源的利用效用，优化资源的来源结构。

(3) 实现资源的优化配置与情境再生

资源的重组与整合是指对信息资源从知识服务情境化的角度对图书馆信息资源进行知识域的情境建构，对各学科分类与专题领域的知识集（碎片化信息、数据、文献等）进行专题情境下的主题聚类与细分，以便进行个性化情境服务。

实现资源建构的优化配置要从数据采集源头保证知识碎片化的语义关联与整合，应用数据挖掘技术对各类业务资源、静态聚合资源、动态走向等数据信息资源按照精细、全面、个性化、情境化的原则进行资源的细粒度挖掘与加工，从资源建设的源头保证资源情境建构的有用性能。在前期基础上，进一步提升资源在内容和结构上进行情境化重组的标准和知识化程度，便于用户进行知识发现与意义建构，提升用户对智慧图书馆知识服务资源情境的有用性能体验。智慧图书馆知识服务资源情境化关联旨在更好地促进用户知识发现、知识创造。数据资源的细粒度挖掘、主题化语义关联和专题化聚类为智慧图书馆知识服务情境的多维揭示与应用奠定了基础。最后确保资源情境建构的可视化与可识别性，借助表格、图形及知识图谱的直观呈现形式，可以为用户提供资源利用的可视化效果，帮助其发现知识、创造知识与辅助决策，提升资源情境再造重组的有用性能。

5. 智慧图书馆资源情境建构策略

(1) 建立全面揭示资源内容的情境本体架构

使用本体对实体进行情境建模从而实现情境感知推荐是一种有效的方法。基于本体的情境感知模型在许多领域已经有比较成熟的应用，如基于 OWL 编码的情境本体模型已经应用在普适计算中。本体的应用不仅可以在情境感知领域获取知识，还可以辅助应用系统做出自适应决策。图书馆资源情境感知推荐计算需要通过定义情境实体类来描述实体，一般情境实体可以用三元组变量 (entity, property, value) 进行形式化描述，同时扩展被大众接受的情境类，如用户类、环境空间类、资源类、互联终端类、服务类、技术类等。用户类情境是有关用户特征的描述，比如用户 ID、性别、年龄、能力、学历、社会关系等；环境空间类如位置、场所、时间等；互联终端类如：品牌、内存、操作系统等，资源类包括专业、专题、关键词、语种等。图书馆情境感知中间件通过一系列属性去刻画描述实体情境，中间件情境类定义了大多数普通情境实体及其属性，这些属性值可以转化为基于以数据类型值表示。通过获取情境变量的属性值，从而实现情境解释、推理，乃至辅助决策。因此建立全面揭示资源内容的情境本体架构有利于发现情境信息、资源内容和服务系统间的匹配从而有助于理解实体内容与关系，从而助推知识服务的延伸。

(2) 实现"用户 - 情境 - 资源"的价值增值模式

把位置、时间、设备、网络、天气等情境信息加入"用户 - 情境 - 资源"模型中，资源属性增添了情境信息的描述，这是信息资源新的组织形态，无形之中增加了信息资源的知识信息含量，这是资源再造情境的呈现形式，是资源价值增值的表现，也是资源利用效率提高的重要手段。该模型为处于不同情境、不同兴趣的用户推荐满足其需求的信息资源，使用户对信息资源的兴趣度与其当前特定情境相对应，这是智慧图书馆知识服务延伸的要求，是实现精准化推荐服务的具体举措。将情境因素引入资源再造系统中，构建"用户 - 情境 - 资源"的三元关系，针对当前资源再造系统较少考虑情境因素的问题，提出了基于情境感知的资源再造算法，结合情境信息和传统的内容过滤，为用户推送适合当前情境的信息，能有效提升信息资源利用的全面性、完整性和相关性，这是信息资源价值增值的过程，是在充分开发资源的情境信息，激活资源的沉没成本，挖掘资源价值，发挥资源的利用价值并使其增值的有效途径。

(3) 构建多维情境知识关联的新型资源网络

图书馆的资源十分丰富，有不同载体、不同语种、不同学科、不同来源的信息资源，这些资源分布于各门学科而且实体多样，为了实现信息资源的充分利用，需要进行资源多维情境建构以揭示其内容关联的广度与聚合的深度。有研究表明，信息资源之间语义关系越丰富，信息资源关联也就越多，相似度也就越大，聚合的效果也就越好。用多层次、多视角的综合方法进行数据资源的细粒度挖掘、专题聚类和主题的语义关联可以实现信息资源的有机联系和多维应用，达到增强信息资源知识价值的效果。实现资源情境多维揭示与关联聚合是智慧图书馆实现知识创造、知识挖掘和知识发现的资源情境建构的重要手段。从资源情境建构的有序化、优化和可视化出发，通过对资源蕴含知识的多维情境揭示，将情境信息作为资源附带的一个内涵丰富的本体进行建构。资源内容关联的多维情境建构要注重从用户角度对知识资源的主观价值认同着眼，实现信息结构化描述与内容属性的匹配，加强信息资源语义关联的资源聚类以及再生资源情境的整合创新，为用户的资源利用提供更加结构化的知识网络情境，具体包括信息内容的客观属性，即信息资源的特色、新颖、可靠和全面性等以及本体之包含、并列、属分等关系，被引、共被引、引文耦合等引证关系和那些隐性知识中尚未挖掘的关联关系，实现资源情境信息的多维揭示与关联聚合。

(4) 增强资源情境利用的可视化与可理解性

资源情境的建构需要注意信息的呈现方式，可视化工具和手段可以提高资源情境利用的可见性和可理解性。清晰直观的信息呈现不仅可以增加用户的记忆力、直观性和减少学习成本，还可以有效提高用户对信息的利用和理解的效率。实现信息资源语义关联的揭示和资源重组、再造，这是提高资源情境可视性的主要目的，通过可视化工具可以揭示信息资源内在的知识关联，把文本信息转换成可视化的形式信息，使信息粒度从粗粒到细粒，实现知识从整体到细节的层层解析，完成信息在语义层上关联化和可视化转换，实现信息资源情境聚合，使用户可以获得不同角度的视觉呈现从而使用户能够在视觉层面了解和掌握资源情境。从这个意义上说，提高资源情境的可见性实质上是对资源信息的分解与增值,可以增强资源内容的可理解性和可识别性,从而有利于提高了智慧图书馆信息资源的使用效率。

第二节 我国公共图书馆阅读推广模式的创新研究

一、公共图书馆智慧阅读推广模式研究

"智能互联、万物融合"的加速到来,为国民阅读带来了前所未有的机遇与挑战。智慧阅读作为一种划时代意义的阅读方式逐步出现在大众视野,其不仅极大地降低了阅读门槛、丰富了阅读形态,还拓展了阅读内容、保障了读者的阅读权利,对于促进读者身心健康发展具有十分重要的现实意义。近几年,随着阅读推广活动逐渐受到重视并且逐步得到大规模的发展,公共图书馆在阅读推广活动中也逐步开始利用智慧图书馆的新技术及智慧技术。当前,关于图书馆智慧阅读推广的研究仍处于起步阶段,相关理论研究少之又少,因此,还需从研究数量、深度、广度上不断增强之。

(一)智慧图书馆与智慧阅读推广模式的内涵

智慧图书馆,是继复合图书馆、数字图书馆后,图书馆发展的一个更高级阶段,是建立在系统文献资源、智能知识服务、智慧保障支撑基础上的新型知识服务体系。具体而言,智慧图书馆指的是在物联网、大数据、云计算等环境下,基于云计算与智慧化设备所建构的融合化、互动化、可视化、泛在化智慧数据平台系统,集高效的服务管理质量、互联的文化数据环境、多元的信息共享空间于一体的智慧服务综合体。

所谓的智慧阅读推广,本质而言,是通过全面感知、智能识别读者的阅读特征及其需求,自动设置推广目标及方法,向读者传递与之相匹配的阅读资源,并通过实时跟踪、监控记录阅读全过程及成果,实现个性化推广支持的过程。与传统阅读推广服务不同,智慧阅读推广具有以下特点:

1. 以读者为导向的服务模式

图书馆传统阅读推广模式是由推广人员明确推广的时间、内容、方式等,读者需要依循活动的具体安排参与阅读,因而属于从属地位。而智慧阅

读推广进一步开放了图书馆的阅读资源及工具，读者可依循自身需求自主筛选资源、订制阅读目标、选择阅读途径、决定阅读进度，实现个性化、多元化阅读。不仅如此，智慧阅读推广提供多层次阅读支持，读者可在自适应、泛在化的阅读环境支持下，实现深度阅读，享受极致的阅读乐趣。

2. 强调阅读的互融互通

智慧阅读推广打破了传统单一的虚拟阅读空间，通过服务集成构筑一个开放式阅读平台，实现线上、线下阅读的无缝对接，为读者提供了互融互通的阅读服务。

3. 实现多视角决策

智慧阅读推广借助于智能技术高效收集读者阅读语音、文字、图像等，跟踪读者阅读行为及轨迹，深度挖掘读者所留存的非结构化数据，精准识别每位读者的阅读规律，科学完成推广目标决策，通过理性推理预测各决策推行效果，继而确定最优决策，为图书馆提供最优化阅读推广方案。

（二）图书馆智慧阅读推广模式的实践应用

智慧图书馆是未来图书馆发展的新趋势和新方向，同时阅读推广服务也是未来图书馆服务发展的新内容和新动力。

1. 智慧阅读推广模式架构

对于图书馆而言，智慧阅读推广关键是要发掘阅读数据及资源背后的规律，全部把握读者的兴趣偏好，通过用户细分实现大众阅读推广与分众阅读推广的有机结合，继而深化数字、专业及主题等阅读内容，提高读者的阅读兴趣与能力。可见，图书馆智慧阅读推广目标集中在数字阅读层面，必须通过智慧阅读平台构建实现读者数字阅读素养的稳步提升。具体而言，智慧阅读推广模式的构建涉及对读者阅读数据的感知、整合、关联分析、偏好发现、个性化定制等方面，继而构成一个集推广规划、对象细分、策略分析、数据变化分析于一体的架构。图书馆智慧阅读推广模式包括三大模块：

(1) 智慧门户模块

该模块包括个人、资源、协作三大门户。其中，个人门户以个性化服务为特征，提供极具个人特色的学习空间；资源门户提供馆藏资源的采集、管理、推荐以及流转等多项功能；协作门户则针对具有共同阅读偏好的群体提供学习空间。

(2) 智慧图书馆模块

该模块实现了读者、资源、管理与服务等各子系统的集成。此类子系统在该平台上聚集了海量数据，为图书馆从海量积聚的非结构化数据中发掘前瞻性信息，实现智慧阅读推广提供了依据。

(3) 推广服务模块

该模块涉及前段分析、策略决策、组织实施、评价反馈四部分。其中，推广前段分析主要是借助智能技术完成多元异构数据的接入、存储、分析、处理、查询、可视化等过程，实现数据的高效整合与数据系统的建立，推广人员利用该系统对读者特征、阅读需求、阅读内容展开深度分析，明确其阅读偏好、文化背景、动机情感等，以识别读者阅读特点与行为，构建多维读者分析模型，为智慧阅读推广最优决策提供支持；对于推广策略决策而言，其通过回归、聚类、关系规则、神经网络等方法进行读者阅读模型构建，以便对读者未来阅读趋势进行预测，科学寻找最佳推广内容及最优解决方案，为读者提供个性化、差异化阅读环境；推广组织实施是通过智能记录读者阅读过程，统计跟踪读者的查询、下载、阅读、反思等行为，并借助舆情监测技术明晰读者阅读交互式传播路径、读者参与交互传播的热度、信息传播层级等行为，通过交互行为识别与科学筛选，掌握读者阅读情感状况，洞悉其阅读参与性、热度、专注度等，继而判断读者是否存在阅读困难及薄弱问题，为读者阅读体验的逐步优化提供具体的推广实施方案；评价反馈主要负责对阅读推广的预测、决策是否可行进行反馈，并及时修正推广决策。

2. 智慧阅读推广实践应用

在智慧阅读推广方面，中山图书馆开展情况较好，并在数字资源阅读推广、基于新媒体的阅读推广等方面取得了良好的效果，对其他图书馆的智慧阅读推广具有一定借鉴意义。

(1) 智能推荐服务，拓展数字阅读渠道

中山图书馆已经建成了当前国内最大的图书馆数字化资源库群，为读者提供免费的数据库资源查询、浏览与下载服务。为响应国家号召，中山图书馆开展了基于数字图书馆推广工程的数字资源提升活动，并提供了"猜你喜欢""主题资源库"等智能推荐服务，不仅实现了阅读推广资源的整体提升与高效利用,还极大地拓展了数字阅读渠道。以"猜你喜欢"为例,中山图书馆依循每位读者的检索、浏览、阅读记录,挖掘其阅读偏好,并构建兴趣模型,用以匹配馆藏资源,随后从匹配资源中开展二次过滤,将文献质量较高的内容推介给读者,避免与其他读者推荐内容重复。

(2)用户参与式阅读,开启深度阅读模式

中山图书馆除了为读者提供基础借阅服务,还提供十余种便利、高效、智慧的读者服务,如"你悦读,我采购""咨询与文献传递""馆藏书目检索""书刊续借与预约""移动图书馆""少儿天地""读者留言""广东数字文化网""读者帮助中心"等,其中,"你悦读,我采购"服务通过在书店设置"现采现借"服务点,使读者能够现场选择心仪图书,由中山图书馆现场采购后借阅给读者。此外,中山图书馆还构建了"中图悦读会"平台,依循时下阅读热点、社会热点划分为四大主题板块,即"时尚阅读""经典阅读""文学鉴赏""主题活动",每个板块依循内容侧重点开展相关内容的阅读推广,持续深入挖掘读者的阅读需求,并为读者提供参与式交互阅读服务,通过认知参与、行为参与、情感参与三大维度使读者深入思考,促进其阅读热情的提升,使读者深度沉浸于阅读中。

智慧图书馆已经成为图书馆发展的主要趋势,为了适应智慧图书馆的服务创新要求,必须将智慧图书馆的智慧技术与未来阅读推广的内容和发展方向相结合,加快构建智慧阅读推广模式,以发挥推广引导优势,引领图书馆全面升级的阅读新风貌。当前,国内图书馆阅读推广与智慧阅读推广这一服务愿景仍存在极大的差距,仍需全面采集、整合读者阅读数据,构建起科学的匹配模型,不断推进服务标准体系完善,促进阅读推广人才队伍建设,深化智慧阅读推广模式研究,以助推图书馆智慧阅读的爆发式增长。

二、基于5W传播理论的公共图书馆群组阅读推广模式研究

随着信息化的发展和数字化时代的到来,人们的阅读方式和阅读习惯发生了较大的变化,读者间的阅读区别分层越来越明显。与此同时,各地各级公共图书馆的阅读推广服务工作也随之进行了转变,根据读者阅读兴趣划分的群组成为公共图书馆阅读推广的对象单位。为了顺应读者身心发展特点和契合其阅读习惯,凸显出图书馆阅读推广的高效化、规范化与个性化,充

分发挥公共图书馆的阅读推广作用，部分公共图书馆尝试了与5W传播理论相结合的实践研究。我国传统的公共图书馆阅读推广服务模式大致遵循"读者主动提出要求、图书馆根据读者要求提供服务"的被动推广方式，在这种情况下，深入研究和发掘5W模式在公共图书馆领域的应用，对创新图书馆阅读推广的客体单位，从单一的个人向群组进行转变，提升公共图书馆的阅读推广活动效果具有重要意义。

(一)5W传播理论应用于公共图书馆群组阅读推广服务的适用性与可行性

5W传播理论是一种科学化的建模理论，下面从5W传播理论和公共图书馆群组阅读推广服务的概念出发，阐述二者融合的适用性和可行性。

1.适用性

5W传播理论是20世纪中期美国政治学家哈罗德·拉斯韦尔提出来的，他认为人类社会的传播活动从其过程和环节进行划分，主要由主体（Who）、内容（Says What）、媒介（In which channel）、客体（To Whom）、效果（With What Effect）这五个要素构成。公共图书馆是社会公共资源储存、交换与传播的中心，在本质上来看也属于社会传播活动的范畴，因此，5W传播理论应用于公共图书馆群组阅读推广服务活动具有科学的理论基础。针对公共图书馆阅读推广服务的实际情况，5W传播理论中的五大要素又可具体化为控制分析、内容分析、媒介分析、受众分析、效果分析五部分。

2.可行性

公共图书馆群组阅读是以阅读情感和阅读感知为出发点，根据广大社会读者阅读兴趣和爱好进行划分的若干阅读群体，每个群体内部的阅读需求差异较小，在公共图书馆进行阅读推广服务时，可以针对每个群体进行共性的、集中的推广内容选取，而群体间的差异则十分明显，公共图书馆通过设计群组间的阅读推广内容，也实现了服务的个性化与普适化兼顾。结合5W传播理论，群组单位作为公共图书馆阅读推广的客体，实际上改变的是整个阅读推广的流程和图书馆定位。目前我国部分公共图书馆在群组阅读推广领域已经具有丰富的实践经验，5W传播理论也日臻完善，因此，基于5W传播理论的公共图书馆群组阅读推广服务模式研究具有充分的理论支撑和实践基础。

(二) 基于5W传播理论的公共图书馆群组阅读推广服务模式构建要素

按照5W传播理论的界定，公共图书馆群组阅读推广服务模式由主体、内容、媒介、客体与效果五要素构成。

1. 主体

公共图书馆群组阅读推广服务模式的主体即为公共图书馆，图书馆是社会文化文明建设的重要力量，是文献与信息资源汇聚的中心、人类文明成果的保存地。此外，公共图书馆承担了读者群组的划分、阅读推广内容选择、方式建设等重任。其中，图书馆员充当着重要的角色，因此，图书馆馆员是进行群组阅读推广服务的能动性主体。另外，随着信息化技术的进一步发展，馆际之间的合作成为公共图书馆服务的主流趋势，越来越多的公共图书馆不再以单一的主体形式开展阅读推广活动，而是与当地的高校图书馆、博物馆或档案馆等文化服务机构形成合作关系，共同为不同群组读者提供相应的阅读内容和推广活动。总而言之，5W传播理论的公共图书馆群组阅读推广服务主体从宏观上看为公共图书馆自身，从微观上又可分为能动性主体与合作性主体两类。

2. 内容

公共图书馆群组阅读推广服务模式的内容主要有纸质文献和数字文献，格式体现为文本、图片、音频、视频等多种形式。目前来看，大多数图书馆采用的是纸质文献推广与数字文献推广兼具的形式。一方面，馆内的新书推荐会、读者交流会、地方民俗活动、当地文化节等推广方式推陈出新，吸引了广大读者的阅读兴趣，培养了他们良好的阅读习惯；另一方面，借助社交媒体平台开展的数字阅读推广也被公共图书馆普遍采用，读者可通过加入兴趣小组的方式自行组建阅读群组，也可由图书馆根据读者的检索记录和所填写的信息进行分组，从而投其所好，向读者分层次、分学科地实时推荐符合其阅读需求的专业科研阅读内容，实现公共图书馆的群组推广服务。

3. 媒介

由于公共图书馆群组阅读推广服务的内容可以从表现形式上分为纸质文献和数字文献两种，与之相对应的是，进行群组阅读推广服务的媒介也被分为物理空间和虚拟媒介两类。物理空间的群组阅读推广常见方式是将群组成员聚集在图书馆内，由图书馆引导、协助读者进行有针对性的讲座或交流活动，是一种图书馆为主要发起者、读者用户为被动接受者的推广服务。虚拟空间的阅读推广服务媒介方式更为灵活，覆盖面更为广泛，常见的有视频培训、网上资源推荐和社交平台的阅读推广，具有创新意识，能够更好地契合当下新技术发展潮流，更符合广大读者的阅读习惯，特别是采用人们常用的微博、微信等社交软件，能够增强公共图书馆群组阅读推广服务的友好性和有效性。同时，5W 传播理论中的公共图书馆群组阅读推广服务的媒介也作为一个群组内智慧共享空间而存在，为读者间的阅读交流以及读者与图书馆的互通反馈提供了广阔便捷的平台。

4. 客体

公共图书馆群组阅读推广服务的客体，宏观意义上讲是社会上所有读者用户，微观意义上则指以群组为单位的读者小组。由于很多公共图书馆碍于人力和物力条件所限，无法真正实现针对每个个体提供个性化、差异化服务，群组单位的出现则是聚集了相同阅读需求的公共读者，公共图书馆可以为组内读者提供相应的阅读推广内容，间接地为组员提供个性化服务。例如，北京市丰台区公共图书馆建立了古文献特色资料库，该数据库一方面对社会读者免费开放，允许读者自行查阅所需要的资料和文献，另一方面会向对古文献感兴趣的读者进行主动推送和推广，实现了群组单位内图书馆阅读推广主动化与个性化的推广目的。总而言之，客体群组的精准化可以提高公共图书馆阅读推广服务的有效性，避免了资源的浪费、优化了馆藏配置，同时有利于增强读者用户对图书馆的黏性，营造了良好的公共阅读环境。

5. 效果

检验阅读推广活动的成效，既要检验可量化的后续显性成效，也要检验不可量化的后续隐性成效。结合公共图书馆群组阅读推广服务模式的构建，5W 传播理论中效果要素可以理解为评价阅读推广成效的指标。一套合理的、科学的群组阅读推广评价机制是总结前一阶段工作成果、反思前一阶段工作问题的标准，也是下一阶段工作制定的依据和出发点，因此，公共图书馆群组阅读推广服务评价的正确运用具有深远的意义。根据公共图书馆群组阅读推广服务的实践，其效果指标也要有所区分。在整体上，首先要对群组的划分进行指标测评，考量群组区分和合理度、有效度及覆盖度；其次要对公共图书馆群组阅读推广服务流程进行评价，如推广内容的选取与群组内读者要求的匹配度、每一次开展阅读推广活动参与人数等，这些都成为公共图书馆群组阅读推广服务效果评价的重要依据。总之，设计一套行之有效的、因时制宜的多维评价指标体系，有助于立体、全面地衡量阅读推广服务过程中的得失。

（三）基于5W传播理论的公共图书馆群组阅读推广服务模式建设策略

根据5W传播理论的五大构成要素，从主体、客体、内容、媒介和效果五个维度提出了相应的公共图书馆群组阅读推广服务模式的构建策略。

1. 群组阅读推广主体：健全图书馆机构，加强合作

公共图书馆是群组阅读推广服务的主体要素，主体机构的健全和完善在很大程度上决定着阅读推广活动的效用。因此，在制定公共图书馆群组阅读推广服务模式建设策略过程中，要突出强调5W理论下公共图书馆的主体定位。一方面，公共图书馆应该加强自身的馆藏资源和文献建设，尤其重视数据资源的创新和发展，如针对群组用户的阅读需求，打造特色化文献数据库，以强化资源建设为中心健全图书馆群组阅读推广服务机构；另一方面，单一的图书馆面对多元化群组客体，其服务能力和服务内容是存在局限性的，为了突破公共图书馆群组阅读推广服务的瓶颈，越来越多的公共图书馆主动与当地高校图书馆、文化服务机构或基层组织之间建立合作关系，形成了广泛的合作联盟，从多方面挖掘资源、拓展推广服务范围，建设多渠道、多内容的群组阅读推广模式。此外，公共图书馆成立专门的群组阅读推广机构非常必要，由专人负责公共图书馆群组阅读的整体规划、管理和指导工作，能够保障阅读推广服务工作有序高效运行。

2. 群组阅读推广客体：群组划分，因地制宜

公共图书馆群组阅读推广服务的核心在于群组的精准划分与定位，这是图书馆个性化服务的延伸和发展。公共读者是5W理论视角下图书馆群组阅读推广服务的客体，要想对群组读者进行精准的内容推送，重中之重是要明确群组划分的标准，一般来说，图书馆可以根据读者身心特征、科研专业、知识结构、阅读兴趣等特点确定群组，进一步为其打造"我想读什么就提供什么"的专属推广模式。例如，公共图书馆可以根据读者年龄将老年读

者组成一个特定群组，将其作为阅读推广服务的客体，定期定量地为老年读者推送养生、保健类的相关资讯和读物，满足老年读者的共性阅读需求。此外，图书馆可以进一步发挥文化传播的作用，为老年读者构建交流平台，增强老年读者间的情感沟通与互动，帮助老年读者驱散孤独感。总之，5W传播理论中，客体因素直接影响着主体活动的效度和信度，对于公共图书馆群组阅读推广服务而言，因地制宜的群组划分，有利于加强公共图书馆对群组客体的关注，从而将公共读者的需求和阅读推广服务有效连接起来。

3. 群组阅读推广内容：开发特色，强调共享

5W传播理论视角下，内容要素是活动的中心，是贯穿于活动过程始终的，正因为如此，公共图书馆群组阅读推广内容的建设也是服务模式研究的重点和难点。由于公共读者的阅读范围广、对文献资源的需求量与日俱增，公共图书馆需要不断更新资源库，以保障阅读推广内容的全面和丰富。结合5W传播理论，公共图书馆群组阅读推广服务模式建设策略的内容要素层面可以从以下两方面展开：第一，公共图书馆可根据本馆的资源特色和地方民俗特色组建相应的阅读群组，针对群组读者的需求，再对某领域或某专业的资源集中进行标准化的、有价值的数字化加工，形成网络数据库，满足群组读者物理空间和网络平台双渠道的阅读要求。第二，公共图书馆尤其要重视公共图书馆间或与其他类型图书馆的馆际合作，通过达成合作关系，与之互通有无，实现资源的共享和共建，在减少资源建设成本的情况下，将资源的使用最大化，提高阅读推广服务的主动性和多样性，促进公共群组阅读推广服务内容的延伸和拓展。

4. 群组阅读推广媒介：创新服务，树立品牌

媒介是5W传播理论的基本组成部分，是公共图书馆实现对群组用户阅读推广服务的平台与渠道，因此，必须重视群组阅读推广媒介的创新和品牌树立。当前公共图书馆群组阅读服务推广媒介主要从两方面展开：第一，立足读者使用习惯，以读者常用的信息获取方式作为传播媒介，如社交媒体平台QQ、微信、微博等，公共图书馆形成了浓厚的阅读推广氛围，使无论哪一个群组的读者或每一个群组内的读者，全天候24小时均可以获取到相关资源，突破了传统阅读推广中常用的图书馆布告栏、广播站等形式在空间和时间上的限制，增强了公共图书馆阅读推广服务的效用。第二，打造

公共图书馆群组阅读推广服务品牌，如可以建设真人图书馆，采用小组交流的方式，以动态的、立体的人物作为阅读资源，进一步吸引读者用户的阅读兴趣；再如，公共图书馆定期开展的"读书节"也逐渐成为长期的、稳定的、标志性的服务品牌。

5. 群组阅读推广效果：合理评价，规范管理机制

5W 传播理论的最后一个构成要素为评价，此评价又可看作是下一个 5W 传播活动的基础，有利于促进和改善公共图书馆阅读推广活动。针对公共图书馆群组阅读推广服务而言，有效的评价是指科学合理的评估体系，公共图书馆在经过主体提供 - 内容筛选 - 媒介构建 - 客体划分四个环节后，应该及时落实阅读推广评价工作。一般来说，完整的、规范的阅读推广评价体系包括评价方法、评价机构、评价指标和反馈信息等，通过对群组读者进行回访，获取读者的真实反馈，完成 5W 传播理论的一个阶段循环。群组阅读推广效果的最大价值在于使图书馆结合机构内衡量阅读推广活动指标清晰地认识到当前阅读推广活动存在的问题和不足，并以此为契机，在总结经验、吸取教训的基础上开启下一轮群组阅读推广服务活动，实现多个 5W 传播活动的衔接与良性循环。总之，重视 5W 传播理论中的评价要素，有利于对公共图书馆群组阅读推广服务进行规范管理，以促进活动更好更完善地开展。

综上所述，阅读推广是一个长期而艰巨的工程。5W 传播理论应用于公共图书馆群组阅读推广活动是适用的，更是必要的，有利于促使公共图书馆阅读推广形成一个更为精准和个性化服务的良性循环。

三、基于微信平台的公共图书馆阅读推广模式研究

微信是一种有效的信息传播媒介，为公众的工作、生活和学习带来了很大的便利。通过微信平台开展阅读推广为公共图书馆扩展读者服务渠道提供了新的思路。近年来，已有很多图书馆利用微信公众平台开展阅读推广，然而，如何利用微信公众平台吸引读者，引导读者由"浅阅读"向"深阅读"转变，从而提高阅读推广效果，是值得图书馆人不断思考的问题。

(一) 公共图书馆微信平台阅读推广的优势

1. 庞大的注册读者群体

微信是社交媒介,微信用户数量巨大而且还在持续增长,这些数量众多的读者群体都可能是潜在的读者用户群体。除了读者群体方面具备的优势,微信的免费使用、操作简单、信息推送多样化等优势也比较显著。公共图书馆作为国家公益性的文化服务机构,必须考虑到其阅读推广对象的覆盖面,不能受到年龄、地域以及身份等方面的限制,要面向全民族挖掘潜在读者,利用微信公众平台庞大的用户群体开展图书阅读推广活动。

2. 微信平台阅读推广投入成本低

随着智能手机在公众群体中的普及度越来越高,微信读者在查阅文献的时候不再受到时间与空间的限制,能够自主获取微信的阅读推广信息,也能够自主检索需要的信息资源,提高了阅读推广的灵活性,也就是说,只要有网络覆盖的地方就可以开展信息推送活动。读者使用微信不收费,公共图书馆借助微信平台开展阅读推广也不需要进行过多的投入,成本比较低,更容易被接受。

3. 信息传播方式便捷

对于微信平台来说,信息推送是通过网络进行,传播的速度快,图书馆借助微信平台开展阅读推广能够提升时效性。以微信为载体开展阅读推广不仅具备信息传播速度的优势,还丰富了阅读推广的内容。纵观传统的图书馆阅读推广活动,基本都是文字信息发布,或者是开展线下推广,相对比较单一。而微信平台阅读推广则是语音、文字等的融合,信息传播手段更加现代化,也更加立体化,图文、语音、视频结合能够带给读者更为直观的感受,提高了阅读推广的实效性。

(二) 公共图书馆微信公众平台阅读推广存在的问题

1. 平台推广力度不够,内容质量有待提升

很多公共图书馆微信公众平台阅读推广力度不够,活跃粉丝数量不足。出现这种现象大致有两方面的原因:一是多数公共图书馆对微信公众平台的推广力度不够;二是发布的内容价值不足、质量不高、对读者的吸引力

不够。

2. 阅读推广效果不佳，服务质量有待提升

很多公共图书馆微信公众平台阅读推广的成效并不尽如人意，出现此种情况主要由于推送内容质量不高，不能吸引读者，或服务质量不高，缺乏与读者的互动，不能激发读者的阅读兴趣。

3. 深度阅读推广不足，引导性阅读有待加强

很多公共图书馆开展了"微阅读""在线阅读""云阅读"等阅读推广活动，有效地引导了读者进行"浅阅读"，但缺乏"深阅读"活动的开展，如读书沙龙等。例如，广西壮族自治区图书馆、安徽省图书馆设置了读书沙龙菜单，但只是简单地发布通知或沙龙推广成果，并未充分利用微信的实时交互性线下与线上同步直播沙龙活动，受众范围难以最大化。由此可见，图书馆利用微信公众平台开展阅读推广的深度不够，应加强对读者的正确引导，促使读者由"浅阅读"向"深阅读"转变。

（三）公共图书馆微信平台阅读推广服务的优化策略

针对当前我国公共图书馆利用微信公众平台进行阅读推广存在的问题，图书馆应充分挖掘"潜阅读"用户，将"潜阅读"用户引流到微信公众平台；通过提高服务质量，增强用户黏性，吸引读者阅读，将"潜阅读"转化为"浅阅读"；通过适当的激励机制、良好的互动活动等引导读者，激发"浅阅读"读者的阅读热情，将"浅阅读"引入"深阅读"。

1. 拓展推广途径，吸引读者关注

微营销时代是粉丝经济时代，对微信公众平台而言无论是内容营销还是服务营销，如果缺少粉丝关注，策划准备得再充分也毫无意义，因此，微信公众平台营销的核心就是粉丝。粉丝的获取完全取决于用户的主动性，只有用户主动关注微信公众号，才能定时收到微信公众平台推送的信息。微信公众号的关注度直接影响阅读推广的效果，因此，图书馆要强化营销理念，采取多种形式宣传推广图书馆微信公众号，提高图书馆微信公众平台的活跃粉丝数量。

（1）线下推广，主动邀请和激励引导

线下推广是阅读推广的常规方法，图书馆可以通过以下两种方式提高

用户的关注度：一是主动邀请。利用读者到图书馆借书、还书、参加活动、听讲座等机会主动邀请读者扫描图书馆微信二维码，关注图书馆微信公众号。二是被动设置。图书馆可将带有二维码的宣传海报或流动图书车放置在图书馆入口或人流量较大的地方，通过馆员引导、"关注有奖""分享有礼"等吸引、鼓励读者关注并转发。图书馆要转变服务理念，由被动服务转向主动服务，通过热心的服务和适当的奖品激励，最大限度地吸引读者关注。

(2) 线上推广，自然裂变和文库引流

线下推广主要针对经常到馆或参与图书馆实体活动的读者，而有很多读者虽未到馆，但也时刻关注图书馆的动态，如图书馆QQ服务群中的用户、微博和博客的粉丝、浏览主页的用户等；各大社交平台上也存在大量的"潜阅读"用户，如个人微信、社交网站等。图书馆应利用各种新技术、新方法，多途径深挖掘，将以下两种"潜阅读"用户引流到微信公众平台，提高公众平台的关注度。

1) 已是图书馆"潜阅读"用户的转换

图书馆可以将公众号的二维码置于图书馆主页、博客、微博的显著位置和QQ群的公告栏中，通过文字描述，将平台上的"潜阅读"用户引导到微信公众平台，实现自然裂变。

2) 各大社交平台上"潜阅读"用户的引流

朋友圈是读者关注公众号的第一渠道。公共图书馆可通过一些热爱阅读推广的个人微信账号推广图书馆公众号，提高公众平台的关注度；各大社交网站、论坛、经验交流平台、问答平台等也是阅读推广的重镇，如豆瓣、知乎、百度经验、百度知道、天涯问答等，将微信公众平台的二维码或微信公众号植入高质量软文或问答中，利用内容引流、文库引流、问答引流等方式将"潜阅读"读者引流到微信公众平台，从而提高图书馆微信公众号的关注度。

2. 提高服务质量，增强用户黏性

(1) 加强内容建设，提升用户关注度

"内容为王"是图书馆微信公众平台发展的重要原则。当一个微信公众号推送的内容兼具实用性、趣味性，并贴近用户，能够满足用户分享的满足感时，这个微信公众号就成功了一大半。具备这些特征的内容，用户会主动分享，并辐射到用户强关系链上的好友，促发更多基于真实关系的传播。图书馆应通过不断提高内容质量，利用蝴蝶效应，引领读者阅读，增强读者黏性，具体而言，可以通过如下几种形式：

1）利用微信

公众平台用户管理功能实现精准推送。微信公众平台后台可以获取用户的全部信息，并提供强大的用户分组功能，可以按地域、性别、喜好、需求等不同的指标分组，根据分组类型及文章类型进行精准推送。只有读者需要且认为有价值的文章才是好文章，他们才会自愿去分享、转发，产生裂变效应，从而增强用户黏性，提高微信公众平台的关注度。

2）结合时事热点，推送相关图书

适当结合当下社会热点，推送与之相关的内容或编写与该热点有关的主题，积极参与用户的评论互动，向关注该公众号的用户推送与该热点有关的图书，达到事半功倍的效果。

3）"拆书"，经典图书推送

所谓经典，就是经久不衰的万世之作，为了引导读者充分利用碎片时间阅读经典图书，可以将经典图书按照章节拆分、重组，使其适合碎片化阅读。

4）多原创少转发

高质量的原创文章更可能会被其他微信公众号或个人微信转发、分享，产生裂变效应。

5）心灵鸡汤美文

在物质生活丰富、精神生活匮乏的时代，名人名言、励志创业、爱情、生活、工作等类的文章更容易被读者接受，增强用户黏性。

(2) 加强服务群建设，实现良性互动

除了高质量的内容，还有很多细节影响着图书馆微信公众平台用户的忠诚度，如与粉丝的互动。实现互动的方法有很多，如签到、答疑、微信功能服务、调查、有奖竞猜、有奖征文、用户评比、游戏抽奖等。答疑类互动是最受用户欢迎的，也是最容易与用户形成强互动的一种形式。微信公众平台虽然实现了互动服务，但只能实现平台与粉丝的互动，即使是关注同一微信公众平台的粉丝也不能实现彼此间的互动。而在图书馆利用微信公众平台进行阅读推广时，由于馆员数量不足，不能及时回答读者的问题，进而使读者体验欠佳，甚至取消关注。为此，图书馆在利用微信公众平台进行阅读推广时可以建立微信服务群，将有问题的读者添加到服务群中，将热衷于阅读推广服务的读者设为管理员，读者可以对某个主题的内容展开深入探讨，也可以帮助其他读者解决问题，实现良性互动，从而提高粉丝的忠诚度。

3. 加强互动功能建设，促进读者深度阅读

（1）建立激励机制，鼓励读者评论

有效引导读者对某个主题或文章内容发表评论，不仅有利于促进读者的深度阅读，还可以培养读者的创新思维。通常，整体上参与评论的读者关系比较稀疏，习惯于浅层次的互动（阅读、点赞），深层次的互动（评论）较少。而高产评论读者之间的关系比较密切，可以推动整个微信公众平台进行深层次的阅读评论。为有效地将"浅阅读"引向"深阅读"，引导读者对某个主题或文章进行深层次的评论，调动读者的积极性，可以采取一些激励措施，如每天从参与留言评论的读者中抽取一名幸运读者赠予图书，促进读者积极撰写评论。对于优秀的评论应及时给予回复，以促进读者更深层次的思考，同时也可以拉近与读者的距离，增强读者对平台的黏性。

（2）搭建交流平台，引导读者深度阅读

微社区"兴趣部落"是基于微信公众平台的互动社区，可以应用于服务号和订阅号，是提升人气、增强用户黏性的有效模式。充分利用"兴趣部落"微社区，通过定期或不定期设立某个主题或阅读书目引导读者进行交流、分享，也可以由读者发起某个主题，实现读者间的交流、互动、思想碰撞，从而达到促进读者深度阅读的目的。

（3）线上线下同步，营造读书氛围

"碎片化"阅读、"浅阅读"已成为现代阅读的趋势，人们可以充分利用碎片化时间阅读大量的信息。但是，如果只是一味地进行"碎片化"阅读，缺乏对国民从"浅阅读"向"深阅读"的正确引导，将会导致国家文化底蕴的丧失。美国联机图书馆中心的研究显示，最受读者欢迎的阅读方式是在图书馆与他人分享阅读经验和体会，即读书沙龙。通过读书沙龙可将一群具有共同兴趣的读者聚集在一起，围绕一个主题进行深入的讨论、交流并分享读书经验和体会。读书沙龙能够增进读者交流，促进读者深度阅读，提高图书

馆人气。传统的读书沙龙受时间和空间的限制，只能集结同一城市中拥有共同爱好的部分读者，很多读者希望参与但由于时间和地理位置等限制无法到场，此时可以借助微信公众平台，将读书沙龙实况通过现场直播的方式展示给读者，读者可以根据现场情况，利用微信公众平台的交互功能与现场的嘉宾、读者进行交流，分享自己的阅读经验。微信公众平台在进行读书沙龙直播时，需开通读者与平台互动功能，在直播的同时用户可以实时与平台互动。采用这种模式进行读书沙龙直播可以打破时空限制，用户只要关注图书馆微信公众平台，就可以通过该平台的直播功能实时与沙龙现场进行互动、交流，从而激发读者的阅读兴趣。

四、公共图书馆数字阅读推广服务模式研究

随着移动互联网技术的普及，阅读载体、方式与途径发生了变化，人们的阅读习惯也由纸本阅读向数字阅读转变。研究表明，近年来国民数字化阅读率迅速提高，纸本阅读量呈下降趋势。由此可见，数字阅读正逐渐成为全民阅读的主流范式。如何提高数字阅读服务水平，探索适合用户阅读习惯的服务模式，成为信息机构研究的热点。公共图书馆作为全民阅读活动的主力军，作为公众获取知识的公益平台，在数字化阅读方面进行了大量尝试，从服务、内容、信息行为、绩效等多个层面，分析数字阅读服务模式的发展方向，旨在为用户提供更为人性化、便捷化的服务体验。

（一）全民阅读时代图书馆数字阅读推广服务概述

1. 数字阅读是时代发展趋势

数字阅读与传统阅读的最大不同在于，它依附于手机等各种互联网设备，使阅读不受时空限制，随时随地都可以进行，方便、快捷，能大大提升阅读效率，节省了人们的学习时间。随着智能手机的不断发展，手机阅读成为大众阅读的主要方式，阅读不再局限于固定场所。数字阅读是顺应时代发展的必然选择，它不仅实现了无纸化，节省了生产成本，有利于环境保护，而且数字阅读环境下，只要知道书的名称就可以很快搜索到，大大提高了阅读效率。对于一些经典文物类书籍，数字阅读有利于保护原著的完整性。数字阅读成为与纸质阅读并驾齐驱的阅读方式，得益于数字化资源丰富的可选

择性、便捷的操作性、高效的传播力，这也使得数字阅读拥有广阔的发展前景。由于数字阅读具有先天优势，为了适应新时代文化建设的需要，必须大力推广。

2. 数字阅读的特点

数字阅读即阅读载体、内容、方式的数字化，是信息技术催生的全新阅读方式。互联网时代信息载体的形态更加多样，无论是电子书、网页信息还是影像制品，都可以借助智能终端获取，方便了用户随时随地学习新知识。如今数字化的期刊、杂志、报纸日益普遍，文献资源的数字化加工，方便用户在线浏览，进一步扩大了信息传播范围。数字阅读形式灵活，内容丰富，阅读场所不受限制，符合公众对信息需求的倾向。数字阅读促进了空间阅读的泛在化，使得阅读活动不受时空限制，一部小小的手机就可以承载海量内容。用户的选择更多，与他人的交流更加便捷，有助于分享知识，传播经验，扩大交际圈，加快知识的多向传递。

3. 数字阅读推广方式

数字阅读推广服务是图书馆或其他信息机构为培养用户阅读习惯，借助数字化服务技术激发用户阅读兴趣，促进全民阅读所从事的一系列工作。图书馆作为数字阅读推广主体，可以借助微博、微信等推广媒介，采用特定技术与设施，设计合理的阅读推广活动，从而对服务对象产生影响，并通过反馈不断调整以达到最佳效果。数字化媒介的应用，为图书馆迎合用户阅读需求，紧跟时代发展步伐提供了渠道，能够采用丰富的方式达成服务目的。用户无须到馆借阅图书，而是利用智能终端随时接收信息，直接在线进行数字化阅读，信息传输高效，内容生动、简洁，契合现代人的学习习惯。目前微博、微信等社交网络平台是数字阅读推广的首选方式，不同媒介具备不同的功能，能够吸引特定的用户群体，节省图书馆服务成本，扩大阅读推广范围。

(二) 公共图书馆数字阅读推广服务模式的构建要素

公共图书馆数字阅读推广模式的构建，强调对各类信息媒介的充分利用，强调用户与馆员、用户与用户之间的交流互动，扩大阅读资源传播范围，激发更多人的阅读兴趣。图书馆在服务实践过程中，要关注数字资源、信息技术、推广对象等相关要素的相互关联（如图4-1所示），以优质的服务提高用户满意度。

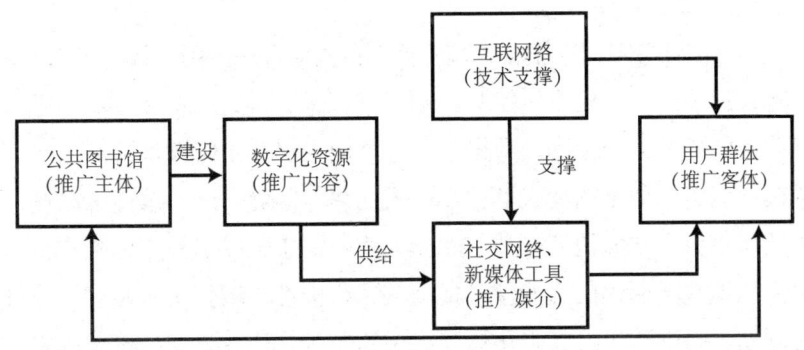

图 4-1 图书馆数字化阅读推广服务相关要素的关系

1. 数字资源

数字阅读推广服务的核心，就是让用户随时随地享受优质资源。因此，公共图书馆不断完善、丰富数字化资源，是开展阅读推广的基础。公共图书馆是文献资源的加工中心，拥有多种类型的数据库，可以从多个渠道采集信息，保障稳定的资源供给。作为阅读推广服务主体，公共图书馆需要根据自身建设需求，积极与中外数字资源供应商合作，争取获得更多优质资源，保障用户在线获取信息的实时更新。如今超星图书馆、中国知网、方正数字图书馆等在线服务商，吸引了大批用户，成为人们获取专业文献的重要渠道。公共图书馆与这些在线机构合作，通过开放信息采集、文献采购、合作建库等方式，对数字化资源进行整合并投入流通，可以确保馆藏数字化资源的持续性增长。

2. 信息技术

公共图书馆数字阅读推广服务模式的构建，离不开先进技术的支撑，离不开优质的信息传输媒介。要想扩大数字阅读推广范围，促进数字化资源的跨界融合，吸引更多阅读推广客体，图书馆需要学习、引入新技术，选择合适的平台、媒介和工具，让阅读推广服务更加智能化，不仅能够引导全民阅读，也能够满足少数用户的高端阅读需求。例如，云计算、大数据等新兴技术，可以帮助公共图书馆转变服务理念，以智慧驱动提高数字化资源传播效率，提高阅读推广服务水平。而微博、豆瓣书评、微信等社交媒体的应用，以庞大的用户规模，不断延伸的社交网络，为公共图书馆提供了多样化推广渠道，有助于数字阅读推广服务的顺利实施。

3. 用户需求分析

公共图书馆用户作为数字阅读推广的客体，其数字阅读习惯、阅读需求、建议反馈等，不仅决定了数字阅读推广服务模式的构建方法，也影响着最终服务的成效。全民阅读背景下，公共图书馆数字阅读推广对象应该是全体国民，但由于数字阅读人群中年轻人居多，因此，图书馆员可以年轻群体作为调研对象，掌握他们对数字阅读的实际需求，以多种宣传推广手段，引导他们认识数字阅读的重要性，提高阅读积极性，增强用户黏度。充分利用社交网站、新媒体工具和强化体验式阅读服务，让更多用户参与其中，加强信息交互，促进数字化资源共享。公共图书馆也要根据推广客体的反馈建议，及时调整阅读推广服务模式，优化数字阅读推广内容，形成适应现代社会用户习惯的阅读环境。

(三) 基于社交网络的公共图书馆数字阅读推广服务模式演变

互联网时代大量社交网络的涌现，不仅促进了人与人之间的在线交互，也在不断改变着人们的信息行为，影响着人们的阅读习惯。公共图书馆要熟悉各类社交网络，并根据不同社交网络的特点与变化趋势，不断调整数字阅读推广服务模式。

1. 基于博客的数字阅读推广服务模式

博客的流行始于2000年，是一种由用户自主管理，可自由发布文章、视频等信息的社交网站。它具有公开、自主、深度交互的特点，发布的内容可对外开放，对字数并无限制，方便用户发布原创文章，分享观点与感悟，寻找感兴趣的话题，或者与专业人士深度交流，获得更多新知识。作为起步较早的社交网站，博客在公共图书馆的应用较为广泛，也是十分有效的数字阅读推广模式。博客方便馆员根据需要发布阅读推广内容，宣传推广服务业务，发起话题讨论，或者公布专家讲座，吸引用户加入数字阅读推广活动中，拓展阅读推广渠道。公共图书馆也可以利用博客，为用户推送优质阅读资源，通过在线讨论掌握用户需求，增进与用户的在线交互，丰富用户的阅读内容。

2. 基于微博的数字阅读推广服务模式

微博的应用拉近了人与人之间的距离，让更多的人习惯于将自己的想法发布在网上，或者通过即时互动寻找具有共同爱好的伙伴。尤其是年轻群体，具有较强的适应能力，对新生事物具有好奇心，因此在微博上更为活跃。研究表明，大部分年轻人有刷微博的习惯，喜欢借助微博了解社会资讯、娱乐八卦等。公共图书馆开通官方微博，以全新的方式宣传推广阅读服务，让用户直接在线阅览信息，可以节约成本，借助微博平台提高其社会影响力。在发布数字阅读资源时，馆员应注重对内容的正确编辑，每一次推送都应该仔细斟酌，做到简洁、亲切、有吸引力。在微博内容编辑基础上设置相关链接，方便读者直接进入数字图书馆，达到在线引流的目的。

3. 基于微信的数字阅读推广服务模式

微信自 2012 年推出以来，以其独有的社交功能吸引了大批用户，成为人们日常生活中必不可少的即时通讯工具。统计表明，截至 2016 年年底，90% 的智能手机用户已经下载了微信客户端。公共图书馆开通微信公众号，以有别于微博的方式开展数字阅读推广服务，不仅可以实现与用户的即时交互，也可以设置服务号和订阅号，针对不同的用户群体发送不同的内容，方便用户根据需要选择性获取，利用碎片化时间掌握更多知识。例如，郑州市图书馆利用微信设置订阅号，每天推送一条数字阅读推广内容，方便用户随时浏览，并以群发的方式提醒用户关注馆内活动，以群内宣传推广的方式，吸引更多用户加入阅读推广活动中来，促进数字化资源流通。

（四）公共图书馆数字阅读推广服务模式的创新发展方向

全民阅读背景下国民每天接触新媒体的时长不断提高，日均在线阅读时长也有不同程度增加，表明新兴媒介成为备受青睐的数字阅读载体，理应成为公共图书馆开发服务领域，创新数字阅读推广服务模式的有益途径。通过研究国内图书馆创新实践案例，可知公共图书馆可以搭建大数据阅读平台、提供数字阅读云服务、建设数字文化驿站等，让数字化阅读触手可及，为全民阅读事业发展提供动力。

1. 搭建大数据阅读平台

"36 大数据"网站是依托大数据技术搭建的专门为用户提供与大数据相

关文献内容的知识性平台。该平台由百度、腾讯等多家企业联合，并与清华大学、浙江大学等高校图书馆合作，寻找优质文献数据资源，并将其录入平台，涵盖大数据案例分析、数据可视化等专业信息资源，方便用户随时随地获取。网站将服务内容分为多个模块，从不同的专业领域采集信息，以大数据为核心汇聚资源，以帮助用户了解大数据的总体发展趋势，将所需资源应用于日常工作与学习中，对于企事业单位决策者也有一定的启发作用。经过长期的积淀与发展，该网站以有价值的大数据媒体，在业内树立了良好的口碑，也为公共图书馆数字阅读推广模式创新提供了思路。公共图书馆也可以与数据供应商合作，联合多家机构搭建相关平台，借助大数据技术为用户提供优质服务。

2. 提供数字阅读云服务

公共图书馆利用云计算技术，开发移动终端云服务平台，以共享架构整合云服务、云系统和云应用等资源，为用户提供云计算环境下的高效服务，这是促进数字阅读推广服务升级的方向之一。云计算环境下，用户只需要利用智能终端设备，如移动电脑、智能手机等，就可以通过移动网络连接云服务平台，在发送请求后迅速获取所需资源，随时查询、下载、借阅馆内资源。公共图书馆对馆藏资源进行优化整合后，可以借助云服务平台展现给更多用户，提高数字化资源利用率。然而，数字阅读云服务模式的实现，需要一批具有较高素养的信息编辑馆员，负责对平台信息进行筛选与监控，及时采集、发布最新信息，促进用户与数字化资源的交互，为云服务平台提供可靠的人力支持。

3. 建立数字阅读文化驿站

我国国务院办公厅2015年下发相关文件，要求各级政府全面扩充公共图书馆数字化资源，加强基层文化设施建设，打通公共文化服务的"最后一公里"。其中，辽宁省图书馆积极响应号召，在全省建设覆盖城乡的"数字文化驿站"，以设置触摸屏电子阅读试点的方式，为基层群众送去优质数字阅读资源，实现公共图书馆服务与广大群众的无缝对接。公共图书馆要想推动全民阅读进程，可以借鉴辽宁省图书馆的成功经验，在充分调研基础上，采集购置触摸屏电子设备，在本地区地理位置相对偏僻、人口较少的社区和村镇，建立数字阅读文化驿站，在一台服务器上集成数字资源、软件系统和安全网络设施，依托互联网实现基层服务点与公共图书馆的对接，让海量数字资源的覆盖范围不断扩大。

　　数字阅读是当前主流的阅读方式，拥有纸本阅读无可比拟的优势。随着新兴媒体的涌现与发展，公共图书馆的数字阅读推广模式将随之变化，甚至出现超出我们想象的阅读推广方式。公共图书馆作为全民阅读的倡导者，应该学会把握时代发展脉搏，不断引入新技术，学习新方法，适应用户不断变化的数字阅读需求，在新环境中探索数字阅读推广新模式，使数字阅读推广服务得到不断优化升级。

第五章　智慧图书馆的阅读推广活动

第一节　智慧图书馆阅读推广概述

一、智慧图书馆

智慧图书馆是人类社会发展进步的产物。早在19世纪中叶的时候，智慧图书馆就相继在英国和美国出现。我国2018年实施的《中华人民共和国公共图书馆法》指出，"智慧图书馆是指向社会公众免费开放，收集、整理、保存文献信息并提供查询、借阅及相关服务，开展社会教育的公共文化设施"。智慧图书馆的服务对象全社会所有的普通居民，包括儿童、学生、工人、老年人等，是社会主义服务体系的重要组成部分。区别于其他类型的图书馆，智慧图书馆的经费直接来源于国家财政和地方财政拨款，其主要活动内容及受众群体范围具有普遍性、广泛性，是群众进行图书借阅、信息资源查询、休闲和学习等的重要场所。另外，我国《中华人民共和国公共图书馆法》明确规定，作为国家和地方文化事业不可或缺的智慧图书馆，包括各地地方政府管辖的省级、县级的图书馆，应当坚持政府主导，鼓励社会参与智慧图书馆建设。

二、智慧图书馆在全民阅读推广中的角色

智慧图书馆承载着知识传承、文化教育、提升全民素质的使命。全民阅读推广是智慧图书馆的重要责任，也是其服务的核心之一。

（一）智慧图书馆是全民阅读推广的承担者

1. 阅读推广资源的丰富化

智慧图书馆拥有大量的阅读资源，秉承平等、免费的理念向用户开放。近十年来，阅读推广在我国逐渐得到重视，各级政府加大了对智慧图书馆的

公共设施建设，馆藏资源经费充裕，优秀读物供应及时，为用户阅读提供了有力支持。同时，智慧图书馆电子资源充裕，多种载体的阅读资源为智慧图书馆开展全民阅读推广提供了保障。

2. 服务网络覆盖的全面化

智慧图书馆通过国家、省、市、区（县）的四级服务网络，满足了用户阅读需求，缩小了各区域间阅读差距；在发达的城市街区建有市、区、街道、社区馆，有的区域还有流动书车、24小时自助借还阅览区，使阅读服务的网络星罗棋布，为用户提供了方便获取阅读资源的硬件设施。

3. 阅读场所设施的专业化

智慧图书馆拥有宽敞、专业的阅览区，能为读者提供舒适、休闲的阅览座位，图书馆成为市民阅读、休闲的日常场所。以广州市为例，截至2016年，全市区智慧图书馆的建筑面积总计27.32万平方米（数据不包含辖区内的省级、街镇以下图书馆），每年接待读者近千万人次。

（二）智慧图书馆是全民阅读推广的实施者

1. 阅读权利的全民保障

《公共图书馆宣言》中明确指出："公共图书馆在平等的基础上对所有人，不论年龄、种族、性别、宗教、国籍、语言和社会地位，提供服务，即对全民开放。"智慧图书馆承载着全民阅读的责任，保障全民阅读权利的均等性，让每位读者都公平享有使用图书馆资源的权益。

2. 阅读社会的全民共建

智慧图书馆担负着社会教育，提升全民文化素质的职能，其在普及全民阅读理念、建立阅读社会、倡导全民阅读中具有重要的作用。智慧图书馆营造了人人阅读的社会氛围，推进了全民终身学习的进程，使阅读社会的全民共建得以实现，是全民阅读推广的实施者。

三、智慧图书馆全民阅读推广活动策略

（一）结合社会资源，完善阅读平台结构

智慧图书馆是面向大众的、公益性的文化服务机构，主要由地方政府

的公共财政支持，对其资金投入也随着国家经济的发展逐步增多，开馆的条件也逐步改善。但是全民阅读推广活动需要在馆内进行组织和引导，需要投入更多的资金和人力，因此，图书馆就需要寻求更多的社会资金，如加强与各企业、慈善基金等的联系，可以帮助企业进行宣传等，用双方共赢的方式募集资金。图书馆不仅为人们提供资源服务，同时也为人们交流提供机会，因此，为了更好地推广全民阅读活动，应不断加强自身建设，依据地方人们实际文化水平和需求，建立具有针对性的图书馆。同时，区域内的各级图书馆也应加强系统文化建设，不断完善阅读平台结构，便于满足不同层次民众的阅读需求。

(二) 加强图书馆间的联系，扩展阅读范围

不同区域内的图书馆，无论是人流量还是阅读资源上都存在一定的差异性，每个图书馆都有自身的经验手段，因此，加强图书馆之间的联系，不仅能实现阅读管理经验、优秀制度上的资源共享，还能为全民阅读推广活动的顺利开展提供保障。智慧图书馆具有公益性特点，面向的是所有大众群体，为了拓展服务范围，图书馆可以在医院、监狱等开展阅读活动，提供阅读服务指导，培养他们的阅读兴趣。同时，还应提供志愿服务，保证少年儿童、残障人士以及社会中的弱势群体的阅读权利。加强图书馆的无障碍开放，是图书馆践行阅读公平性的表现，也是尊重公民阅读权的体现。《公共图书馆宣言》中写道："公共图书馆是各地的信息中心，用户可以随时得到各种信息和知识，公共图书馆应不分年龄、种族、性别、社会地位等，面向所有群体提供平等服务"。志愿服务的提供有效地拓宽了图书馆服务的深度。

(三) 创新全民阅读服务方式

在社会经济以及科学技术的不断发展下，智慧图书馆全民阅读推广活动的形式也应不断创新发展。首先，开展经典代读服务，经典藏书的阅读人大多是研究学者和兴趣爱好人，交流范围以及地点都有一定的局限性。因此，智慧图书馆可以发挥自身优势去传播文化，联合媒体与学者开展经典代读活动，为民众对经典阅读从代读更好地过渡到自主阅读发挥促进作用。其次，提供阅读咨询服务，智慧图书馆内有着较为丰富的资源，读者在选择阅读时会缺乏针对性，因此，图书馆可以培养具有较强观察能力、交流能力的人员，在全面了解和掌握馆内资源的基础上，能够根据读者的需求为其推荐合适的读物。最后，为了满足上班族、老年人群体的需要，智慧图书馆可以在区域内设立流动图书馆、农家书屋等，为城乡阅读提供更加便捷的基础条件。

（四）运用现代科技手段进行全民阅读推广

充分发挥出现代科技手段的作用，不断地完善阅读活动的调查，提升推广活动的效果。借助微信、微博等平台，展示和介绍智慧图书馆的功能服务等，让更多的群体去了解和认同图书馆，提高全民阅读推广的有效性；在开展阅读活动时，应深入调查阅读对象、阅读方式及阅读内容，根据调研数据展开推广活动，将权威的调查数据和评估数据展示给公众，使更多的人了解阅读的重要性，进而使更多的人参与到全民阅读推广活动当中。

阅读是一个国家软实力的重要体现，全民阅读活动是提高国民道德素质、知识内涵的重要手段。智慧图书馆是传承文化的载体，在互联网信息时代，人们的阅读发生了多种形式的变化，智慧图书馆如何满足读者的需求是当前急需解决的问题。在全民阅读推广活动中，应积极做好宣传工作，争取更多的资源支持，不断地完善和拓展阅读推广活动的形式，满足当下国民阅读的需求。只有真正地实现了全民阅读，才能更好地提升国民的文化素养，才能提升国家的国际竞争力。

第二节 智慧图书馆儿童阅读推广活动研究

近年来，我国智慧图书馆开展儿童阅读推广活动形式多样，涵盖故事会、亲子阅读、比赛活动等，各地如火如荼地开展阅读推广工作。智慧图书馆作为基础文化服务体系的组成部分，开展儿童阅读推广活动是使命也是职责。

一、儿童阅读推广活动

在不同的国家、不同的领域对儿童的定义有着不同的界定。1969年美国图书馆协会颁布的《公共图书馆儿童服务标准》将儿童的年龄界限划定为 0~13 岁。英国在 1997 年出版的《儿童和青少年：图书馆协会发布的公共图书馆服务指南》中明确规定：儿童是以 12 岁为界限与青少年进行划分，0~12 岁的孩子为儿童。

儿童阅读推广活动是智慧图书馆与社会各级机构组织合力，通过提供丰富的阅读资源和良好的阅读环境，运用阅读指导和鼓励阅读分享等阅读推广形式，以促进儿童阅读水平和阅读能力的提升的活动。

二、智慧图书馆儿童阅读推广活动的必要性

开展儿童阅读活动不仅可以激发儿童的脑力与语言发展，开启儿童的想象力和创造力，促进儿童的思维能力、视觉能力和听觉能力的发展，还可以增进成人与儿童之间的情感交流，进而促进儿童心理良好的发展。儿童阅读作为全民阅读的重要组成部分，儿童阅读推广活动势在必行。作为儿童教育的第二课堂的智慧图书馆，开展儿童阅读推广活动，有其客观现实的必要性。

（一）我国儿童阅读现状的现实需求

当前，我国在儿童阅读方面发展缓慢，不仅阅读人群数量少，而且儿童课外阅读量不够。究其原因，主要是我国儿童阅读氛围不够，家长对儿童阅读的重视度不够，以至于家庭藏书状况不佳，家庭阅读环境缺乏儿童气息，在一定程度上都影响了儿童的阅读兴趣。1994 年，联合国教科文组织颁布的《公共图书馆宣言》指出，公共图书馆的使命包括"从小培养和加强儿童的阅读习惯，激发儿童的想象力和创造力，支持和参与各年龄段群体的识字活动和计划，在必要时组织发起此类活动"。因此，通过智慧图书馆开展儿童阅读推广活动，不但弥补了家庭阅读的缺失和家庭阅读教育存在的不足，还延伸和继续了学校的教育，是实施素质教育的重要场所，也应该成为儿童阅读推广的重要阵地。

（二）儿童阅读推广活动是智慧图书馆发展的必然趋势

儿童不仅是智慧图书馆现在和未来的读者，更是长久的读者，而培养

人阅读习惯的最佳时机就是儿童时期。如果从儿童期就养成了良好的阅读习惯，就能终其一生轻松阅读并从中找到乐趣，因而爱上阅读。因此，智慧图书馆要想推广全民阅读，打造书香型社会，首先从儿童阅读推广作为切入点，重点培养儿童的阅读兴趣和提高儿童的阅读能力，从而实现全民阅读的目标。大力发展儿童阅读推广活动，不但可以为全民阅读推广活动奠定基础，也是智慧图书馆开展全民阅读推广活动的突破口。

智慧图书馆在美国有着双重身份，既为公民提供阅读服务，也为儿童教育提供服务，而且还是儿童教育的一个重要环节。因此，几乎每个智慧图书馆都会专门设置有家庭作业指导，在线的或者馆内的课后协助项目，为学校提供帮助。同时，各智慧图书馆会举办形式多样、内容丰富的儿童阅读推广活动。儿童阅读推广活动是一项长期复杂的工程，涉及儿童发展心理特征、儿童教育、儿童阅读推广对象等因素和内容，智慧图书馆在推广儿童阅读活动时，应在科学理论的指导和优秀案例的示范带动下，结合自身的实际条件，开展适合本馆的儿童阅读推广活动，促进实现儿童阅读推广的目标。

三、儿童阅读推广活动的特点

（一）社会性

智慧图书馆阅读推广活动是系统性的社会化工程。仅依靠图书馆的自身力量开展阅读活动是无法满足儿童日益增加的阅读需求的。只有将儿童阅读推广活动放置在社会环境中，并充分考虑儿童阅读兴趣和阅读现状等微观因素，家庭成员和家庭环境等中观因素，文化、制度和习俗等宏观因素，才能使智慧图书馆儿童阅读推广活动更好地展开，提供契合儿童阅读需求的多样化推广活动。

（二）持久性

儿童阅读推广活动本身是培养儿童的阅读习惯和阅读方式的一项长期、逐步深入的系统性工程，注重的是阅读推广活动开展的持久性。现阶段不少智慧图书馆通过提升阅读推广的工作业绩以应付评估工作，或是为参评阅读推广大赛，推出创新性、话题性极强的儿童阅读推广活动，但这些都是昙花一现，没有将一项儿童阅读推广活动持续开展，对儿童的阅读效果影响有限。所以说，突击性、临时性的阅读推广活动不可取。

（三）悦读性

悦读指的是快乐阅读，儿童在阅读推广活动中释放天性、体会阅读乐趣、享受阅读。儿童阅读推广活动不是教育儿童如何识字，如何提高学习成绩，而是让儿童勤于阅读、乐于阅读和善于阅读，并激发儿童的阅读兴趣、培养儿童的阅读习惯。通过儿童阅读推广活动提供深度的阅读指导，让儿童从被动阅读转变为主动阅读，从浏览式阅读转变为思考式阅读。

（四）情景性

儿童阅读推广活动是符合儿童的好奇心，满足儿童的探究能力，融合视听、手工等多种方式的阅读活动。在绘本阅读中，以读物提供的情景为载体，开展绘本剧表演、手工制作和故事续写活动，帮助儿童更好地理解故事内容、体会故事情感，在情景中感悟阅读乐趣。

（五）多元性

儿童阅读推广活动的多元性体现在阅读材料和阅读活动形式上。阅读材料主要是纸质阅读资源和数字化阅读资源两种形式。纸质阅读资源是以纸质图书为载体进行阅读，使儿童感受到阅读的温度。数字化阅读资源是随着网络和新媒体的产生而受到广泛关注的阅读资源，图书馆数字资源包括电子书、电影、音乐、游戏和在线课程等。阅读活动形式主要涵盖视、听、说、做等方式。

四、智慧图书馆儿童阅读推广案例分析

（一）以"故事会"为主题

"故事会"是以讲故事的形式推广儿童阅读，已成为我国多数智慧图书馆进行儿童阅读推广服务的主要方式之一。

表 5-1 以"故事会"为主题的活动

活动名称	举办方式	举办时间	面向对象	举办方
"七色花亲子故事会"	本馆专员或馆外人员	每月举办两次	3~8岁儿童	河南省图书馆
"低幼悦读会"	本馆专员	每周五下午三点	3~6岁儿童	国家图书馆少年儿童馆
"周末故事会"	本馆专员	每月举办四次	5~10岁儿童	国家图书馆少年儿童馆

"故事会"的主要举办方式大多是"一对多"的形式,即一个馆员或者是馆外人员面对多个小读者,为他们阅读图书。举办时间虽然不尽相同,但都保持在平均每月两次以上。例如,河南省图书馆的"七色花亲子故事会"为培养儿童早期良好的阅读习惯,丰富他们的暑期生活,邀请郑州人民广播电台城市88.9频道的少儿节目《小铃铛》主持人吴桦走进河南省图书馆少儿阅读中心,为小朋友们举办了一场精彩的故事盛宴。根据年龄进行分级阅读最早是由欧美国家提出的,图书馆根据读者的年龄和认知能力,提供符合其身心发展的图书,不仅能吸引读者,而且可以培养其阅读兴趣。

(二) 以"读书积分"为主题

阅读积分制就是按照一定的标准,把读者的各种阅读行为都量化为积分来进行记录的方式,是各大图书馆为了推广儿童长期阅读而举办的主要活动方式之一。

表 5-2 以"读书积分"为主题的活动

活动名称	举办时间	举办方
"七彩悦读成长"计划	2013年	首都图书馆少儿馆
"读者成长"计划	2014年	温州市少年儿童图书馆
"少儿智慧银行"计划	2015年	深圳图书馆

由表5-2可以看出,该类活动无年龄限制,一般以未成年读者为主;活动周期较长,通过不同的活动,以活动完成量获取积分,取得名次并给予荣誉称号等奖励。例如,2015年深圳图书馆推出了"少儿智慧银行"计划,鼓励少儿读者通过阅读行为累积自己的智慧财富,激发阅读兴趣,提高阅读能

力，培养良好的阅读习惯。该项活动是为了鼓励儿童阅读的长效性，通过一些奖励使儿童养成长期阅读的好习惯。儿童的身心尚处在发展阶段，具有不稳定等特质，积分活动正是根据儿童的此项特质开展的。有的研究者认为，"阅读积分制"体现了"以读者为本"的原则，具有优越性，以提高读者的道德标准和文明程度为目的，也激励了少年儿童图书馆开展延伸服务，强化了文化服务功能。深圳图书馆、温州市少年儿童图书馆等将积分制引入图书馆的读者服务管理当中，不仅激发了读者的阅读兴趣和参加阅读活动的积极性，也培养了他们良好的阅读习惯。

(三) 以"图书漂流"为主题

图书漂流活动是我国智慧图书馆进行少儿阅读推广的主要活动之一。该项活动既突破了传统图书馆借阅图书的局限性，又使图书处于一种流动状态。大部分的图书漂流活动都是与学校合作开展的，尤其是面向一些贫困地区的学校，使图书漂流到资源匮乏的地方，让当地的学生有机会阅读到大量、丰富的图书，并交流读书心得，由此提高图书的利用率，培养他们良好的阅读习惯和自主学习能力。

(四) 以"小图书管理员职业体验活动"为主题

小图书管理员职业体验活动是让读者通过角色扮演，体验图书管理员的日常工作，使他们对图书馆的工作有更深刻的了解，对图书的认识更加专业化。少年儿童具有活泼好动的特性，他们的感知主要通过体验来加深。小图书管理员职业体验活动正是让读者亲身体验，通过参与图书馆工作流程和图书馆工作实践，让孩子们真正了解图书馆，学会利用图书馆馆藏资源，并学会使用网络和数字图书馆查找资料。该项活动一般会在寒暑假举办，使读者有充分的时间参与活动，同时该活动本身寓教于乐，深受小读者们的欢迎。

五、儿童阅读推广活动优化对策

(一) 多元主体协同

智慧图书馆阅读推广工作是系统性的社会化工程，仅依靠图书馆的力量开展阅读推广活动是无法满足儿童日益增加的阅读需求，必须整合社会力量和资源，形成以智慧图书馆为中心，与学校、社区协同开展儿童阅读推广活动。

1. 学校阅读推广活动

目前，智慧图书馆与学校的合作是在图书室的建设、图书借阅服务和流动图书车的进驻这三方面，合作开展儿童阅读推广活动的经验尚浅。学校阅读推广活动应从智慧图书馆、教育主管部门和教师的角度探讨。

首先，智慧图书馆重视与教育主管部门之间的沟通，以阅读活动有利于学习的研究成果帮助教育主管部门认识到开展学校阅读推广活动的重要性和必要性。教育主管部门整体规划学校课程设置，鼓励各学校将智慧图书馆作为第二课堂，将阅读活动课程作为必修课程的一部分。其次，重视与教师的配合。教师在儿童的心中具有权威性，通过教师布置阅读活动任务，可以保证阅读活动的质量，增加儿童的阅读时间。教师的阅读引导是格外重要的，教师可以根据儿童的阅读状态、学习情况，有针对性地提供阅读指导和阅读书目推荐。最后，智慧图书馆提供人力、物力的支持，帮助学校设立读书兴趣小组和图书漂流站。学校和教师鼓励儿童在寒暑假、课间休息参与讲故事、读书会等阅读成果分享活动，提高儿童的阅读能力和阅读素养。图书馆提供儿童集体参观图书馆、参加阅读推广活动的机会，帮助儿童尽早建立图书馆意识、培养阅读习惯。

智慧图书馆儿童阅读推广活动与学校教育是相辅相成的，通过阅读推广活动，儿童既能体会到阅读的乐趣，又能提高学习能力。学校阅读推广活动是实现儿童个性化阅读的有效途径。

2. 社区阅读推广活动

与学校阅读推广活动相比，社区开展阅读活动的时间和场所更随意，儿童阅读氛围也更轻松。放学后和周末是开展社区阅读推广活动的最佳选择，可以与学校阅读活动完美衔接。社区作为家庭的集合，社区阅读推广活动解决儿童放学后家长下班前的学习和安全问题，打造一个不走出社区就可以享受阅读的空间。首先是在智慧图书馆的帮助下，完善社区阅读点、图书阅览室和图书角的建立工作，保证阅读推广活动的阅读资源。其次是组建社区阅读推广活动服务队伍，以有文化专长的社区居民和有志愿服务意向的学生为主体,由智慧图书馆提供阅读活动志愿者的培训工作。再者开展自下而上的社区阅读推广活动,社区阅读推广活动是一个自由的分享空间,儿童可以随时随地反馈阅读喜好,展现阅读需求。活动组织者根据儿童阅读活动需求精心策划各项主题活动,通过社区宣传栏发布通知,提醒儿童参与社区阅读推广活动。

社区阅读推广活动不仅是促进阅读这么简单,更是社区文化治理的一部分。通过阅读活动将社区居民聚集起来,用阅读拉近邻里关系,增强社区凝聚力。

(二)家庭阅读推广

家庭在阅读推广活动中扮演着重要角色,既是阅读推广活动的场所,又是阅读推广活动的实施者。当前,家庭对儿童阅读愈加重视。父母通过与孩子共享同一本书、推荐图书或与孩子谈论阅读经历来传递阅读价值,建立积极的阅读行为,家庭阅读推广的成效决定儿童的阅读态度。儿童会模仿父母的"正确"行为,如果父母阅读书籍并喜欢阅读,就会为孩子提供一个"良好"的例子,儿童也会爱上书籍,并获得阅读的乐趣。

提升家庭阅读推广的影响力主要在于提高家庭的阅读意识、提供阅读资源和指导家庭进行亲子阅读。首先,帮助家庭提高阅读意识。对于阅读,少数家长会有抵触情绪或者并不情愿,说服家长是十分必要的。通过两个角度提升家长的阅读意识,一是智慧图书馆积极宣传,在民政部门、医院等场所,利用多种渠道和媒体资源,以新闻、动画和视频等多种形式向家长介绍阅读的价值;二是智慧图书馆馆员走进企事业单位、工厂等工作场所,为家长介绍家庭阅读文化的重要性,劝诫家长在孩子面前减少手机等电子设备的浏览,与孩子多些语言交流,通过亲子互动共同构建良好的读书氛围。其次,由智慧图书馆、出版机构提供阅读资源,借鉴国外"阅读礼包"的经验,为家庭赠送与儿童阅读需求相符合的图书。最后,智慧图书馆创建适合父母与孩子共读的空间。通过定期开设针对家长的阅读指导类活动,帮助家长获取指导儿童阅读的方式以及陪伴儿童阅读的方法,形成良好的家庭阅读氛围。借助家长的榜样力量,培养儿童从被动阅读转变为主动阅读,主动阅读并不是从不读书到读书或少读书到多读书的转变,而是从浏览式阅读到思考式阅读的转变。

家庭阅读推广是将家文化放在阅读推广活动的主要地位，通过社会、家长与儿童的共同努力构建家庭阅读文化。有家才有国，以家庭阅读推广为基础，形成全民阅读的好风尚。

(三) 分级阅读细化

如今我国尚未有统一、广泛使用的分级阅读标准，分级阅读标准是开展儿童阅读推广活动的基础和准则。智慧图书馆开展分级阅读，可以借鉴国外已被验证的分级阅读体系，根据其涵盖的因素和构建原则，结合本馆服务对象阅读需求，将阅读推广活动与儿童的阅读能力、阅读兴趣和阅读动机相融合，为儿童提供阅读分享平台。

儿童阅读活动内容需求集中在科普知识与传统文化这两方面，以儿童阅读活动内容需求为导向，开展细化分级阅读十分必要。科普知识与传统文化的分级阅读划分应以儿童的生理和心理状态为依据。针对尚未识字的低龄儿童，提供内容简洁明了的绘本阅读，通过馆员的口述介绍科普信息，以观看舞台剧、视频播放的方式帮助儿童了解传统文化，使儿童身临其境感受科普知识与传统文化的魅力；针对有一定阅读基础的儿童，提供专业性稍强的科普读物和历史书籍，通过实践性操作和分享历史故事，加深对阅读内容的理解，培养儿童的缜密思维和民族自豪感；针对积累了大量科普知识和喜爱传统文化的儿童，鼓励他们成为阅读推广活动的主讲人，注重将儿童所掌握的知识进行应用，分享阅读成果。智慧图书馆应该设立经典读物和科普读物的专属书架，为儿童推荐符合其阅读特点的图书目录，以供儿童借阅。通过分级阅读，从关注儿童的阅读量到提高儿童阅读能力的转变，以帮助儿童愉快阅读。

(四) 特色服务创建

特色服务创建主要是通过多样化的宣传方式提高图书馆的社会地位和知名度、树立图书馆阅读推广品牌形象，可以影响更多的儿童参与到图书馆阅读活动中来。

受传统观念影响，不少人依然认为智慧图书馆仅仅是看书、借阅图书的场所。对图书馆的教育功能、社会功能和开展的儿童阅读推广活动知之甚少。智慧图书馆应该从两个方面提升自身形象,一是加强儿童阅读推广活动的深度和广度宣传;二是建设儿童阅读推广活动品牌,深化特色服务。智慧图书馆儿童阅读推广活动应继续保持以图书馆官方网站、微信公众号、微博和媒体报道等方式进行宣传,重视与社区、电视、电台建立合作关系,通过粘贴活动通知、电视节目、广播实时播报活动信息、在人口密集地区发放宣传资料,努力做到与儿童及家长的阅读推广宣传方式需求相一致,实现宣传方式的广泛性;智慧图书馆通过刊发馆刊的方式,记录各项儿童阅读推广活动的开展情况,并开展24小时在线阅读指导服务。采用人工与自动回复相结合的方式,分析并解决家庭阅读过程中出现的问题,对亲子阅读给予恰当的指导,深度宣传儿童阅读推广活动。在宣传内容上,不仅要有各项阅读活动的具体信息,还应包括如何帮助儿童阅读的指导方法、与阅读活动相适应的图书信息。

智慧图书馆需要将品牌意识渗透到儿童阅读推广活动的各个环节,用心设计,做到精益求精。通过细分儿童用户、开展具有针对性的阅读推广活动,以征集阅读活动标语、活动吉祥物和活动主题音乐的方式,增加与儿童家长的交流机会,掌握其对阅读推广活动的需求,并通过发放阅读活动的纪念品以强化阅读推广活动品牌。智慧图书馆阅读推广活动的品牌打造应从小做起,慢慢发展,但需要长时间、持续性地开展同一阅读推广活动,只有把一项阅读推广活动长期坚持下去,才能吸引儿童广泛关注,形成特色服务。

(五)阅读推广人才培养

智慧图书馆儿童阅读推广活动的开展依赖于基础设施的完善、阅读推广人的智慧。

智慧图书馆必须保证纸质馆藏的数量,图书的选择应与国际图联《儿童图书馆服务发展指南》制定标准相一致,注重高质量、适合于儿童所处的年龄阶段、具有时效性和准确性、能反映各种价值观、城市文化和世界文化。同时配备种类多样的数字资源,并且整合合作图书馆的阅读推广网络资源,对本馆的阅读推广数字资源进行补充和拓展。在阅读推广活动面向对象是年龄较小的儿童时,其对文字及图画不是很敏感,智慧图书馆可以通过提供视听资源帮助其构建阅读环境。为缓解家庭藏书量过少，无法满足儿童的阅读需求这一现象，智慧图书馆在不侵犯知识产权的前提下，向家长及儿童提供复印、打印图书资源的设备及场所。将智慧图书馆官网资源对所有访问者开放，取消权限设置，保证访问者随时随地访问和使用。图书馆不仅要拥有丰富的馆藏，还必须懂得如何利用资源服务儿童，这就说明阅读推广人是尤为重要的。

阅读推广人是智慧图书馆儿童阅读推广活动质量和水平的一面镜子，必须加强阅读推广人队伍的建设。华东师范大学范并思教授曾说，阅读推广人往往带有"自封"性质，缺乏阅读推广的基础知识与专业能力。所以，规范阅读推广人的培养是急需解决的问题。智慧图书馆培养儿童阅读推广人有两种路径，通过招聘具有儿童教育学和儿童心理学专业背景的新馆员和培训现有馆员以提升其阅读推广意识。

通过外部干预的方式提升现有馆员的能力素质。一是"走出去"，选送更多的馆员参加中国图书馆学会举办的阅读推广人培训班，通过对阅读推广活动流程的系统学习，提高馆员的阅读推广意识。二是"引进来"，通过邀请国内外学者、图书馆人士以讲座、研讨会的方式传授阅读推广理念、讲解真实阅读活动案例，并将会议内容公布在图书馆的首页或者刊行发表，扩大对馆员的影响范围。同时，馆员要具备学习和研究能力，主动培养多元化的阅读兴趣，形成对儿童读物的鉴别能力与欣赏素养。在工作中时刻保持职业素养和职业意识，面对儿童及家长充满激情与活力，要蹲下来与儿童互动、交流，帮助儿童形成良好的阅读习惯。

（六）评估机制建设

现阶段，阅读推广活动的效果评估主要以读者满意度调查的形式进行，如邯郸市图书馆阅读推广活动开始前发放意见卡，活动结束后回收并进行意见统计，实时反馈阅读推广活动中的困难和问题；秦皇岛市图书馆以微信交流群作为阅读推广活动的评价渠道；长春市图书馆以儿童的报名情况确定儿童对前期阅读推广活动的满意度，对阅读推广活动后期影响没有做过深入调查研究。

评估工作既是儿童阅读推广活动的总结，又是下一阶段阅读推广活动的开端，完善智慧图书馆儿童阅读推广活动效果评估机制是当务之急。活动效果评估机制应由国家和智慧图书馆共同创建与实施。一是在国家层面，设立专门的阅读推广活动评估小组。每年定期开展全国性的智慧图书馆儿童阅读推广活动调研，对儿童阅读推广活动的参与者、志愿者和活动设计的馆员进行追踪调查，形成年度报告，并通过同定网站定时向社会公布，方便社会监督。通过对评估结果的集中公开，使家长及儿童对阅读推广活动更加了解，有助于他们选择性地参加各类阅读推广活动。二是智慧图书馆根据自身实际情况建立活动效果方案，主要集中对三个方面进行考察和评价。首先，考察活动的举办情况，评估活动是否与儿童阅读需求相一致、阅读推广活动内容是否丰富、形式是否多样及各项儿童阅读推广活动的参与情况。其次，考察媒体、家长、儿童等社会人士对儿童阅读推广活动的看法和评价，确定哪些阅读推广活动应该继续坚持、哪些应该不断完善或者取消。最后，考察活动是否对儿童的阅读兴趣产生影响，是否吸引了更多的儿童走进智慧图书馆。智慧图书馆需要"走出去"，深入儿童及家长中间，广泛听取他们的阅读推广活动需求和意见。

第三节　智慧图书馆青少年阅读推广活动研究

随着现代化社会的迅速发展，"互联网+"与时俱进，人们的生活节奏猛然增快，使得青少年阅读推广工作的开展面临着巨大的困难。对此，智慧图书馆必须迎难而上，重视推广工作的开展，不断创新推广内容与形式，促使青少年养成良好的阅读习惯，循序渐进地提升他们的文化素养。

一、智慧图书馆开展青少年阅读推广活动的意义

首先，在新的历史时期，倡导全民阅读，是重振中华文化，实现强国梦的重要内容，也是构建书香社会的基本要求。教育家苏霍姆林斯基说过，学生的智力发展取决于良好的阅读能力。智慧图书馆作为重要的社会公益文化教育机构，是书香社会建设的重要阵地，理所当然应承担起阅读推广的重担，为书香社会添砖加瓦。

其次，阅读是青少年获取知识信息的重要方式。书籍是传递知识、增

长见识的平台。阅读书籍是最直接有效获得知识的方式,特别是对青少年来说,由于知识和经验缺乏,他们只有通过阅读和大量的知识累积,才能与时俱进,开拓创新、阅读能让青少年洗涤心灵,为他们将来适应急剧变革的社会打下良好基础。

最后,阅读是青少年树立世界观、人生观和价值观的重要途径。约翰·卢保克在《读书的乐趣》中曾写道:"书籍为我们建起一座完整的、光怪陆离的思想之宫。"书籍在我们日常生活中所赋予我们的规劝和慰藉,质同金玉,价值无量。青少年处于身心发展的敏感叛逆期,其心理的发展具有成熟和幼稚、独立和依赖、自觉和盲动等诸多矛盾并存的特点,易产生各种各样的心理和行为问题。科学有效的阅读不仅能帮助青少年观察和认识世界,帮助青少年净化心灵和陶冶情操,还可以潜移默化地帮助青少年树立正确的人生观、价值观。

二、当前青少年阅读的现状分析

(一)阅读随意性较大,科学阅读指导缺位

第十六次全国国民阅读调查显示,9~13周岁少年儿童图书阅读率为96.3%,14~17周岁青少年图书阅读率为86.4%,但在青少年读书倾向调查中发现,青少年主要倾向于选择小说、漫画类读物,家长却对这两种读物很排斥。青少年群体中大部分没有个人的读书计划,而是依据兴趣阅读图书,极具随意性。因此,青少年科学阅读指导存在缺位。

(二)课外阅读时间不足,阅读的功利性增强

我国青少年普遍面临课后作业繁多、学习压力大的现状,加之课外兴趣班等,学生真正剩余的可利用的阅读时间十分有限,青少年为应试而"阅读"的成分偏大,功利性阅读动机越来越明显。这种功利性阅读忽视了阅读的本质,不利于青少年自身素质的提高。

(三)阅读方式占比失调,传统阅读面临挑战

随着互联网的发展以及智能电子设备的普及,数字阅读成为青少年首

选的阅读方式,传统纸质阅读已受冷落。网络阅读常常是碎片化、快餐式地阅读,这种"走马观花"式的阅读方式,不能让青少年静下心来精细阅读,削弱了阅读的自主性。在网络阅读时,青少年往往会受不良信息影响,严重情况下还会歪曲青少年的价值取向。

(四)智慧图书馆资源紧张,造成图书阅读资源分配不均

据统计,中国平均每46万人口才拥有一家智慧图书馆,全国人均拥有智慧图书馆藏书仅为0.27册。从数字上来看,图书馆人均拥有率仍然偏低。再加上由于城乡地域差异,农村偏远贫困地区很少能享受到,而且馆藏的书籍中满足青少年阅读的书籍数量偏少。少数乡镇图书分馆也存在着"有馆无藏"或者馆藏不合理的现象。

三、青少年阅读推广策略探析

(一)智慧图书馆可设置专职负责阅读推广馆员

智慧图书馆可成立阅读推广部,招聘专职阅读推广员来引导青少年科学阅读。推广部要合理选聘成员,其成员必须热爱阅读,乐意且有合适的专业技能从事阅读推广工作。

(二)根据馆藏资源创新青少年阅读推广方式

1. 创新书籍推荐方式

为使青少年读者尽快了解图书馆新进图书,充分利用馆藏图书资源,图书馆应积极开展新书推荐活动。智慧图书馆可以通过设置新书推荐宣传栏、设置专门的新书书架、策划新书展等方式来向青少年推荐新书。当前互联网快速发展,可以通过微信公众号、朋友圈等向青少年推荐有利于青少年发展的新书、好书,以此来达到阅读推广的效果。

2. 创新阅读引导方式

中国阅读学研究会会长徐雁教授强调"在成人过程中成才,在成长进程中成才",他始终强调对阅读人群细分的理念。青少年处在成人进程中的关键节点,是一个个性鲜明的群体,图书馆人可根据青少年的兴趣和性格特点,以性格阅读倾向的不同为依据,对青少年进行差异阅读引导,实现"为书找人,为人找书"。同时也可根据家长期待值差异进行分类引导。在图书排架上,可按照青少年性格阅读倾向差异设置特色的阅读读物专区。

(三) 开展多元化的互动阅读推广活动

第一,智慧图书馆应根据青少年的身心发展特点,开展形式多样的阅读推广活动。例如,结合"少年强中国梦"主题活动,开展爱国教育读书交流会、爱国角色扮演读书会、爱国知识有奖竞赛、爱国主题征文、爱国主题摄影展等活动。图书馆也可联合学校开展"今天我荐书""我是图书管理员"等社会实践活动鼓励青少年参与阅读推广活动。阅读对于青少年来说,不应该是一个单向的阅读过程,更多的应该成为一种双向的互动。

第二,智慧图书馆可以开设亲子共读体验区,父母以身作则参与阅读,不仅能够鼓励孩子养成良好的阅读习惯,也能帮助家长更好地了解孩子的阅读爱好,从而引导孩子正确地选取合适的书籍。

(四) 推动阅读推广活动入驻校园

基于图书资源分配不均的现状,智慧图书馆可开展"送书进校园"活动把书送到学校,特别是农村偏远山区的学校。在学校或班级设立图书角,开展图书漂流瓶等活动引导青少年养成阅读习惯;作为图书馆人应该努力使公共图书资源均等化,最大限度地让更多的孩子享受到阅读的乐趣。

(五) 理性看待数字阅读,加强互联网的利用

数字阅读时代的来临无可争议,而作为有机生长体的图书馆,在坚持倡导以传统纸质阅读为主的同时,必须适时跟上数字化变革的潮流,充分利用新兴的数字化技术,升级改造图书馆的馆舍设备,为数字阅读提供良好的条件。

目前,人们的生活对网络的依赖程度越来越高,而青少年已然成为网络的最大利用群体,因此,图书馆要加强对网络的利用,这样才能提高开展青少年阅读推广的效率。第一,净化网络环境。图书馆要积极引导青少年绿色上网,并与相关部门进行合作,加强对网络上不良信息的净化。第二,为

青少年提供更加和谐的网络服务。为提高绿色上网质量，图书馆要研发出一款绿色上网网址，并将网址设置在桌面上供青少年随时进行浏览阅读。第三，进行网络教育。图书馆要在线上开展丰富的网络教育课，并不断优化内容，激发青少年的学习兴趣。同时在线下与线上积极开展丰富的体验活动，提升青少年的阅读兴趣，进而提高图书馆图书资源的利用率。

第四节　智慧图书馆老年人阅读推广服务研究

为广大老年读者提供服务是智慧图书馆一项重要职责，早在2002年，联合国第二届世界老龄大会就把积极应对老龄化作为21世纪人口老龄化的政策框架，提倡老年人群体主动参与到社会各项活动中来，以此来提升老年群体的满意度、幸福感。智慧图书馆开展针对性的阅读推广，是满足老年人文化需求的重要途径。

一、老年人群体阅读特征分析

（一）阅读能力存在较大差距

老年人群体本身的文化水平存在较大差异性，导致其阅读能力也存在较大差距。与此同时，年龄的持续增长，老年人各项身体机能持续衰退，再加上生活方式、居住条件以及经济基础等因素影响，导致老年人的阅读行为受到诸多制约。

（二）阅读目的与阅读渠道单一

相较于年轻人群体来说，老年人的阅读目的、阅读渠道相对较为单一。其阅读目的主要在于了解新闻资讯、奇闻趣事、养生保健、消遣娱乐等，阅读渠道主要是电视、报纸、书刊，对于图书馆的利用率较低。此外，部分老年人对于新媒体了解不足，加上自身接受能力较差，难以体验新媒体所带来的阅读便捷性。

(三) 适合的图书刊物类型较少

从整个图书市场来看，专门针对老年人群体的图书占比相对较低，主要是以养生保健类图书为主，无论品种还是数量都相对较少，且缺乏有效的细分，难以有效调动老年人对阅读的兴趣。

二、全民阅读环境下开展老年人阅读推广的意义

(一) 有利于老年人身心健康

老龄化时代的全面到来，老年人群体的身心健康状况日渐为社会各界所关注。健康本身不仅仅局限于生理层面，良好的物质基础、医疗条件是身体健康的基础，而活跃的思维与健康的心理同样是健康长寿不可或缺的一部分。勤读书、勤思考能够有效提升人的思维能力和记忆力。此外，通过阅读医疗保健相关图书，帮助老年人系统学习相关知识，规避生活中各种不良因素的影响，同样有利于促进老年人群体的身体健康。

(二) 落实全民阅读的需要

《中华人民共和国老年人权益保障法》明确提出，老年人享有继续受教育的基本权利。无论是对政府来说还是对社会来说，均需要为老年人群体营造学习的良好环境。老年人阅读推广不仅是老年人群体自身学习发展的重要需要，同时也是贯彻落实全民阅读国策的关键途径，是精神文明建设不可或缺的一部分。其一，老年人群体通过阅读，能够不断更新自身的知识；其二，老年人阅读行为会对社会其他群体产生影响。老年人通过自身所学的知识服务家庭、社会，潜移默化地在社会中营造良好的氛围，为学习型社会建设提供有效的支持。

三、全民阅读环境下智慧图书馆开展老年人阅读推广的措施

(一) 联合社会力量加强图书馆宣传工作

老年人阅读推广活动能否取得有效成果，做好图书馆宣传工作是关键

所在。当前环境下，部分老年人对图书馆的认知有限，不会主动进入图书馆，自然也就无法了解阅读推广的相关内容。所以，帮助老年人认识图书馆、走进图书馆、利用图书馆至关重要。图书馆开展宣传工作的途径多种多样，但仅凭图书馆自身力量显然难以获得理想的效果。这就需要图书馆主动联合社会力量，如疗养院、老年人活动中心、社区服务中心等，多方宣传图书馆服务，组织参观图书馆活动，或与老年工作有关机构合作，为即将退休和已退休的老年人免费发放宣传资料，引导老年人主动进入图书馆。除此之外，图书馆还应当有效利用各种新媒体大力宣传图书馆，尽管新媒体应用的主体是年轻人，但年轻人家庭中多有老人孩子，可通过对年轻人的宣传来扩大图书馆阅读推广覆盖面，通过亲子阅读方式引领老年人进入图书馆。

(二) 基于老年人爱好组织阅读活动

阅读活动能够帮助老年人巩固阅读兴趣，通过集中效应，使得老年人之间进行深入的交流，进一步巩固老年阅读推广的效果。图书馆组织阅读活动要参考老年人群体的实际爱好，充分围绕老年人爱好来进行活动的设计，通过多元化阅读活动的组织，吸引更多的老年人参与进来。基于现阶段实际情况来看，图书馆可尝试组织以下几种阅读活动：

1. 讲座

讲座是最受各年龄读者欢迎的阅读推广形式，图书馆在组织讲座活动前，要深入了解老年人群体感兴趣的内容，讲座可以是有关健康的，也可以是有关阅读内容方面的，保证讲座的吸引力和针对性。

2. 读书会

读书会主要指的是一群爱好读书的朋友相聚，依照既定主题开展阅读交流。老年人退休后基本上赋闲在家，其本身与社会的交流大幅减少，人际接触的范围也在不断缩小，而读书会能够为老年人的社会交往建立一个平台，把一些志趣相投的老年人聚集到一起。对于读书会的组织，图书馆并不需要做过多干涉，让老年人自主制定相应的制度、计划及选举领导（召集人）。图书馆主要负责提供活动场所和相应的图书。

3. 书展

书展也是图书馆阅读推广的主要方式，可以在老年活动中心、公园、社区等老年人活动的区域举办。书展的主题需要认真调研，主要选择文学传记类、时事政治类以及保健养生类等老年人普遍关注的图书。

(三) 构建符合老年人实际的微媒体阅读模式

当今社会已经进入"互联网+"时代，微媒体的作用越来越显著，已成为图书馆阅读推广中不可或缺的一部分。微媒体阅读推广主要包含服务模式、互动体验、传播内容以及传播渠道等核心内容。如今使用智能手机的老年人越来越多，微媒体阅读模式成为有效满足老年人阅读需求的重要方式。根据老年人群体对智能手机的使用情况，图书馆应设置专门人员负责指导老年人的微阅读，解决微阅读过程中存在的问题。在此基础上，通过微信公众号、微信群等方式，为老年人群体提供微阅读服务，提供保健、旅游、文化、养生、时政等方面的阅读推送，并建立相应的互动窗口。此外，图书馆还应当主动引入大数据技术，通过大数据挖掘老年人群体的真实需求，针对这些需求提供个性化、人性化的阅读推广模式，进一步提升阅读推广的针对性、精确性。

(四) 联合出版单位开发丰富的老年读物

在经济效益、社会效益的博弈过程中，出版单位迫于压力，在老年读物出版方面投入普遍较少。基于此，图书馆一方面需要加大老年人读物的采购力度，另一方面要主动联合社会团体和公益机构等策划、组织老年人阅读推广活动，努力做到主题新颖、形式多元、覆盖广泛，不断提升活动的号召力、感染力，有效吸引老年人的参与，为老年阅读提供更丰富的精神食粮。

(五) 发动志愿者力量拓展老年人阅读推广工作

当今智慧图书馆的服务范围越来越广泛，服务方式和内容也越来越丰富。然而，智慧图书馆的人力、物力、财力较为有限，在不断拓展服务的同时，难免会面临阅读推广力量不足的问题。因此，老年人阅读推广工作要想取得良好的效果，全面引入志愿者是必不可少的。在新媒体使用指导方面，因为老年人群体本身对新生事物的接受能力较差，往往需要反复指导才能有效掌握相关技能。为此，图书馆可以引入年轻志愿者，不仅进行常规指导，也可以集中开展新媒体使用培训,全面提升老年人的阅读能力。还可以根据当地实际组织开展多元化的老年阅读推广活动,以提高老年阅读推广工作的质量。开展老年人阅读推广活动不仅要发动年轻志愿者,还可以依靠老年志愿者。老年志愿者最了解老年人的需求,可以更好地提供相应的服务。图书馆可邀请赋闲的老年专家学者,为老年人举办文化艺术、健康养生等专题讲座,或通过老年志愿者组织开展符合老年人兴趣、爱好的相关读书交流活动,老年志愿者自身也能够通过这些活动不断充实自己,实现双赢。

综上所述,大力发展老年事业是社会、时代发展的必然要求,在全民阅读的大背景下,智慧图书馆开展老年人阅读推广也是大势所趋。智慧图书馆本身的公益性质,决定了其在老年人阅读推广方面的责任与使命。对智慧图书馆来说,应当充分认到老年人阅读推广的必要性和迫切性,深入分析老年人群体的阅读需求,积极开展符合老年人实际的阅读活动,为构建学习型社会添砖加瓦。

第五节 智慧图书馆残障读者阅读推广服务研究

随着知识经济时代的到来,阅读作为人类获取知识的重要途径受到了广泛的关注。全民阅读的呼吁和互联网、电子图书的高速发展,拓展了智慧图书馆事业的服务广度,为智慧图书馆赢取了更多资金、技术、政策支持。然而,在对残障读者的阅读推广方面,我国智慧图书馆仍然存在着服务能力较弱、残障阅览室"遇冷"等现象。因此,我国智慧图书馆应通过制定完善的法律法规、保证阅读推广服务持续性地开展、提高残障读者阅读推广工作的专业性、加强与外界的交流等措施完善我国智慧图书馆残障读者的阅读推广服务。

一、智慧图书馆面向残障读者开展阅读推广服务的必要性

(一)体现智慧图书馆平等服务理念

联合国教科文组织《公共图书馆宣言》中提道:"公共图书馆应不分年

龄、种族、性别、宗教、国籍、语言或社会地位，向所有的人提供平等的服务。还必须向由于种种原因不能利用其正常的服务和资料的人，如语言上处于少数的人、残疾人或住病院人及在押犯人等提供特殊的服务和资料。"残障读者是图书馆夯实自身生存与发展的社会基础，优化自身发展环境的必然选择。智慧图书馆通过有针对性地开展残疾人阅读推广活动，形成图书馆服务品牌，通过品牌效应，提升活动的影响力。在全社会关注残障人士生存、发展的新时期，智慧图书馆残疾人阅读推广活动的持续开展，吸引媒体的广泛关注，从而营造出有利于图书馆发展的舆论氛围，赢得更多的社会资金支持，形成更大的发展空间。

(二) 提高无障碍资源与设施的使用率

调查显示，我国智慧图书馆的盲人阅览室存在利用率较低的现象。多数尤其是偏远地区的盲人阅览室的使用率极低，为残障读者提供的无障碍设施和特色馆藏资源被常年搁置，无人问津，甚至一些公共馆的盲人阅览室基本处于半关闭状态。首都图书馆盲人阅览室一年接待读者仅6人；昆明图书馆自2008年开放视障阅览区，除由残联组织盲人活动时有读者到阅览区借阅外，平时很少有盲人读者来访；陕丙省图书馆视障阅览室的盲文书及视听资料几乎没有翻阅痕迹。我们都知道，残障读者与普通读者相比，在阅读行为、阅读需求上都存在着很大的差异。如果智慧图书馆以一般读者的阅读推广服务模式为他们提供服务，或不考虑残障人士的实际需求和自身特点，想当然地进行阅读推广活动，除了服务效果得不到保障以外，图书馆的有限资源也会遭到浪费。

(三) 形成良好的舆论导向

残障读者因为身体、心理的诸多原因，相比一般读者来说，阅读过程本身就带有困难性。加之我国残障群体受教育程度普遍较低，阅读意识更为薄弱。这些都导致残障读者对图书馆的使用情况不佳。智慧图书馆作为一个地区的公共文化服务机构，相比较一般的大学图书馆和民营图书馆影响范围更广，具有导向性作用。随着教育和经济的发展，人们对阅读的关注度也越来越高，智慧图书馆如果能够利用其地域与服务职能的独特优势，从物理空间、服务理念等方面出发，以诚意消除残障人士的心理戒备，切实地为残障人士策划一些符合其自身需求的文化供给活动，以点带面，覆盖全区，让他们乐于离开原有的封闭圈，乐于"走进"图书馆，不仅可以提升残障读者的知识文化水平，解决他们日常生活学习问题，促进残障读者阅读推广服务得到进一步发展，还能通过此举提高全社会对残障群体的关注度，为残障人士谋取更多的资源与福利。

二、智慧图书馆面向残障读者开展阅读推广服务的目标与原则

(一) 智慧图书馆面向残障读者开展阅读推广服务的目标

1. 从残障读者角度

通过智慧图书馆开展的残障读者阅读推广服务，进一步拉近智慧图书馆与残障读者之间的距离；培养残障读者的阅读意识，激发残障读者的阅读兴趣；帮助残障读者掌握科学的阅读技巧，从阅读中获取知识的同时，获得需要的生活技能和工作技能；丰富残障读者的生活，帮助他们更好地融入社会，从而促进其事业的发展。

2. 从智慧图书馆角度

通过开展智慧图书馆面向残障读者的阅读推广服务，打破智慧图书馆残障读者阅览室"遇冷"的困境，扩大智慧图书馆的服务范围，提高智慧图书馆的影响力以及无障碍资源的使用率，避免资源浪费，促进公共文化事业的快速发展。

(二) 智慧图书馆面向残障读者开展阅读推广服务的原则

1. 公平性原则

智慧图书馆作为国家的公益性服务机构，其面对的群体本身就是多样性和普遍性的。"公共"即非一人所有，为所有人所共有。而阅读推广作为智慧图书馆面向读者开展的一项服务，本就应该将所有受众均包括在内。残障读者虽然因为客观原因不能与普通读者一样自如地使用智慧图书馆为其提供的各项资源，但是，这并不代表着他们没有使用权。相反，正因为他们存在特殊性，智慧图书馆更应该发挥自身的优势，努力为他们提供便利的信

息服务。因此，智慧图书馆面向残障读者阅读推广服务时应遵循公平性原则。不因读者生理或者心理的残障因素，对读者有歧视或侮辱性行为，确保残障读者在使用智慧图书馆资源、参与智慧图书馆活动时受到平等的对待，在实施服务的过程中保障残障读者公平阅读的权利。不能因为残障读者在使用智慧图书馆资源时给馆内带来负担和不便，就放弃对他们的帮助和支持。更不能因为在开展残障读者阅读推广工作过程中存在诸多困难，就知难而退，刻意忽略。坚持公平性原则，既是对智慧图书馆的客观性要求，也是充分体现智慧图书馆社会价值的重要举措。

2. 创新性原则

阅读推广作为近几年兴起的研究热点，是对智慧图书馆传统服务的一次突破与创新。推动了智慧图书馆从被动服务到主动服务理念的转变，本身就是图书馆学界的创新之举。而阅读推广工作需要图书馆员发挥创造力，制订出有趣科学的方案，才能吸引到更多的读者。再加之残障读者的特殊性，自卑与自闭心理的驱使让他们更想远离社会，待在自己的小世界里，不愿意接触外界。他们多数存在缺乏学习能力和生活技能的问题，知识水平有限，所以，主动到智慧图书馆的残障读者人数并不多。近年来，许多智慧图书馆的残障读者阅览室出现"遇冷"现象。如何让残障读者乐意、主动到图书馆？如何让他们喜爱上阅读？如何帮助他们更好地阅读？这些问题都需要阅读推广工作者的思考与创新。因此，智慧图书馆面向残障读者阅读推广服务应坚持创新性原则。要求馆员提升创新意识，积极策划生动有趣的阅读推广项目。不断推陈出新，激发残障读者阅读兴趣。坚持创新性原则，既是智慧图书馆面向残障读者阅读推广工作的基本要求，也是提高其服务质量的必要性因素。

3. 针对性原则

残障读者由于不同类型的身体、心理残疾，使得自身无法正常阅读。通过有针对性的服务，区分服务对象的类别和服务方式，有利于优化智慧图书馆面向残障读者阅读推广服务的效果，提高服务质量。因此，智慧图书馆面向残障读者阅读推广服务应坚持针对性原则。对不同的残障群体采取不同的服务模式和服务方式，对残障读者的阅读需求和阅读习惯进行全面的调查，掌握残障读者的阅读取向，有针对性地采购无障碍资源；了解残障读者的兴趣爱好，策划残障读者喜爱的阅读推广活动。

4. 科学性原则

社会分工是因为不同的岗位需要不同的专业性人才，需要人们运用正确的专业性知识解决工作中遇到的问题。科学有效的方法才能使原本存在的问题得以快速解决；相反，盲目的、无计划性的工作方式往往使得问题复杂化，起到适得其反的效果。智慧图书馆面向残障读者阅读推广工作亦是如此。残障读者的特殊性，让智慧图书馆员需要更专业性的指导。比如，如何与聋哑读者交流？如何在与残障读者沟通时维护他们的尊严？如何使策划的活动具有吸引力？因此，智慧图书馆面向残障读者阅读推广服务应采取科学性原则。听取专业性的意见和建议，组织符合残障读者心理与生理要求的阅读推广活动；制订科学合理的方案，提高推广效果。

5. 常态化原则

残障读者自身知识的匮乏与阅读习惯的缺失不是个例，在整个残障群体中都是普遍现象。他们与图书馆的疏离也不是一时之功就可以解决的。碎片化、零散式的服务远远不能够达到想要的效果，需要持续不断、有节奏、有计划地阅读推广，才能够增加残障读者对智慧图书馆的信心，帮助残障读者形成良好的阅读习惯。因此，智慧图书馆面向残障读者阅读推广服务应坚持常态化原则。增强服务意识，规范服务行为，使残障读者阅读推广工作成为智慧图书馆日常工作的一部分，持续有效地进行推广服务。

三、智慧图书馆面向残障读者开展阅读推广服务的策略

（一）完善法律法规

2017年11月，我国颁布《中华人民共和国公共图书馆法》，但与发达国家相比，其内容还不够完善，致使弱势群体读者的权益无法得到全面保障。智慧图书馆作为公益性机构，在履行社会责任的过程中，时刻受到法律的约束，同时也受到法律的保护，因此，完善智慧图书馆法律体系对我国智慧图书馆面向残障读者阅读推广工作有着举足轻重的意义。

首先，完善《中华人民共和国公共图书馆法》等相应法律法规，让公共图书馆残障读者阅读推广工作有法可依：要加大执行力度，强化执行措施，

切实保障残障读者获得均等公平公共文化服务的权利,并进一步明确图书馆的工作方向与服务范围。

其次,各级人民代表大会在制定地区法规时,应明确政府、智慧图书馆、残疾人联合会等机构的职责与义务,有必要时可以指定专门的图书馆为智慧图书馆开展残障读者阅读推广服务提供支持,减少工作上的阻碍,提高服务效率。各级智慧图书馆管理部门应当出台具体的实施细则,智慧图书馆协会也可制定相关的工作规范,以提高智慧图书馆服务的操作性。

(二) 保证阅读推广服务持续性开展

1. 强化智慧图书馆残障读者阅读推广服务理念

只有智慧图书馆树立了良好的残障读者阅读推广服务理念,才能做到时刻心系残障读者,真心地为残障读者服务,使残障读者阅读推广活动变为常态化、持续性的服务项目。为了实现这一点,国家级智慧图书馆、全国盲人协会、中国图书馆协会以及残疾人联合会应该起到带头作用,积极承办全国性的残障读者阅读推广活动,邀请各地智慧图书馆一同参与,在全国范围内形成残障读者阅读推广之风,强化服务理念。这些活动一方面形成社会舆论,使社会大众对残障读者的关注度得以提高;另一方面,各级智慧图书馆在国家级智慧图书馆影响下,增强了自身面向残障读者阅读推广的服务意识,促进无障碍图书馆事业的发展。

2. 建立兴趣小组,制订合理的活动计划

兴趣是激励一个人不断学习的最好动力,我国各级智慧图书馆可以对残障读者的阅读需要和兴趣爱好进行调查,组建兴趣小组。由专职馆员和有能力的兴趣小组成员共同担任负责人,一方面,图书馆可以通过身为小组成员的负责人了解到残障读者真正的阅读需要和活动的反馈意见;另一方面,在活动策划、实施过程中有残障读者的加入,可以制订出更为科学合理的活动计划和方案,同时激发他们的热情,提高他们的参与度,从而保证活动可以长久开展下去。这些兴趣小组的成员都是因为共同的兴趣爱好走到一起,图书馆仅仅是为他们提供了相应的交流平台和交流环境。同时,图书馆也能根据残障读者需求更有针对性地提供帮助。

3. 采取形式多样的推广方式，提高服务创新性

通过开展形式多样的残障读者阅读推广活动，提高服务创新性。利用创新推动残障读者阅读推广服务持续进行，不断给残障读者带来新的体验，丰富残障读者的精神世界。比如，利用QQ、微信等聊天软件，建立残障者的读书群、微信公众号等。读书群成员可由残障读者、残障读者家属以及智慧图书馆员组成，既可以定期通过QQ进行读书交流，共享很多有趣的图书文献资源，也可以让智慧图书馆员指导残障读者的家属在家中帮助残障者进行有效阅读。尤其是对于有残疾的青少年儿童的家长来说，很多欠缺专业的阅读指导技能，图书馆可以与他们建立良好的合作关系。由智慧图书馆提供盲文、有声图书等残障读者需要的阅读资源，并利用交流软件进行及时沟通。

4. 建立科学的评估机制

及时的信息反馈对任何项目来说都是至关重要的，残障读者阅读推广活动亦是如此。良好的评估机制可以帮助智慧图书馆探索出一条科学的服务道路，保证服务可以顺利而长久地进行。对于智慧图书馆面向残障读者阅读推广服务的评估可以分为内部评估机制与外部评估机制。

内部评估机制是单个智慧图书馆对馆内服务进行自我评价，涉及的内容包括该馆无障碍资源与设备的使用情况、开展活动的类型与频率、活动效果（根据读者反馈和参与人数等），并将评估结果与专职推广人员的工作成绩挂钩。外部评估机制可以由地区智慧图书馆管理部门进行设定，每年开展一次对各智慧图书馆服务质量的评估工作，对馆藏建设与使用情况、开展活动的类型与频率、活动效果等方面进行调查，并将结果进行公示，以督促各馆对残障读者阅读推广工作质量的不断提升。对于综合性的大型推广项目，活动结束后都要对残障读者进行问卷调查，询问参与的感受和建议，为下次的项目活动提供参考。

（三）提高残障读者阅读推广工作的专业性

1. 充分发挥中国图书馆学会的指导作用

我国智慧图书馆馆员残障读者服务专业水平相对较低，人员紧缺，中国图书馆学会应承担起残障读者阅读推广服务培训的责任，制定科学有效的

培训课程，组织各地区智慧图书馆学习残障读者服务专业知识。课程内容可以包括法律、基本手语、盲文、残障读者心理健康、国际先进的残障读者服务理念与方法、计算机以及无障碍技术的应用等。同时，中国图书馆学会还应该定期举办研讨会，组织高校学者与优秀的智慧图书馆实践工作人员进行相关问题的交流，将理论与实践经验相结合，提出更具实践意义的服务模式和方法，以供更多智慧图书馆学习和参考。此外，加强中国图书馆学会的指导性作用，还可提高智慧图书馆面向残障读者阅读推广的服务质量，提升馆员的专业素养。

2. 自主打造优质的志愿者团队

智慧图书馆的很多活动都会有志愿者的加入，但是，多数志愿者没有残障读者服务背景，在读者心理与需求方面都缺乏经验。因此，在招募志愿者时，应该尽量选择有专业技能的人员，如从事或者研究医学、计算机、心理学、社工学等方面的工作人员、学生。同时，应定期组织相关技能的培训课程，内容可以涉及手语、残疾人心理、无障碍设备使用技能等。例如，日本智慧图书馆的"对面朗读"项目，图书馆用定期举行朗读技术专题培训、交流会等方式来提高朗读人的整体素质。通过打造一支优质的志愿者团队，解决智慧图书馆残障服务馆员短缺问题，提高智慧图书馆面向残障读者阅读推广服务的质量。

（四）采取合理的方式，扩大受益人群数量

1. 尝试多方合作，扩大残障读者群体的外延

虽然图书馆在公共文化事业发展中起着不可或缺的作用，但是孤军奋战必然势单力薄，闭门造车也一定不会有所突破。只有加强与相关组织的交流与合作，才能知残障读者之需求，知己之不足，不断地改进面向残障读者阅读推广的方法，不断地提高图书馆服务的质量。智慧图书馆可通过加强与外界的交流，包括特殊教育学校、残疾人联合会、中国盲人出版社、全国残疾人阅读指导委员会、各种媒体组织、青年志愿者协会等，接触更多残障群体，通过多方宣传，将他们带入图书馆的大家庭中，帮助其了解阅读，体验阅读，从而喜爱上阅读。达到扩大残障读者群体外延的效果，使得受益人群不断扩大，智慧图书馆服务范围和影响力也不断增强，从而解决图书馆残障

读者阅览室"遇冷"的困境。

2. 多种推广方式结合，加强残障读者阅读推广服务宣传

随着信息技术的发展，互联网已经深入我们生活的每个角落。任何信息以互联网为依凭，可以更快地传播出去。智慧图书馆可以合理利用这一优势，除了在自己的官方网站发布活动信息外，还可以与地区性主流媒体网站合作，发布活动预告以及图书馆官网链接。智慧图书馆可以借助网络媒体资源，结合图书馆的服务项目，持续性地在电视、网络、电台以及报纸当中投放公益广告，或在微博、微信等多媒体社交平台进行宣传推广。此举一方面可以提高社会大众对残障群体的关注度，增强大众的认知意识，形成良好的舆论氛围，为残障读者提供一个良好的生活和阅读环境；另一方面可以为图书馆树立良好形象，增强残障读者对智慧图书馆的信任感，促进残障读者自己走进图书馆，融入图书馆的阅读氛围中去。当然，图书馆还可以通过纸质宣传单或者宣传册等方式，将馆内近期开展活动信息、过去活动的回顾、馆藏资源目录、书评介绍以及无障碍设施信息传播出去。定期将这些宣传册、宣传单分发给地区残疾人联合会、志愿者协会、特殊教育学校等，让更多的残障读者了解到智慧图书馆的服务内容，引起他们的阅读兴趣。其实，很多残障读者本身就有对阅读的渴望，但是，限于心理原因不好意思走进图书馆，如果智慧图书馆先于他们抛出橄榄枝，那么，可以促使他们放下戒备，更安心地融入图书馆的阅读环境中。

3. 针对不同类型读者，采用有针对性的阅读推广方式

根据不同的残障读者类型，设计符合他们习惯和需要的阅读推广活动，可以更加有效地吸引他们参与到阅读当中。同时，合理安排不同类型的阅读推广活动，避免为单一类型的残障读者提供阅读推广服务，可以有效扩大残障读者的数量。针对视障读者，首先应该为其配备必要的基础设施、盲文资源等。同时，在设计阅读推广活动时，要考虑到利用视障读者的听觉、触觉等感知方式与外界进行交流，将读书的乐趣通过听觉、触觉等方式传递给视障读者，可以组织朗诵会、故事会、盲文培训课程等。针对聋哑读者，专业馆员要学习基础手语，方便与聋哑读者进行交流。在设计阅读推广活动时，多多利用视觉感知的方式向聋哑读者传递阅读信息，可以定期播放无声或者配有手语解释的电影，组织计算机技能培训班等。针对肢体残疾的读者，首

先应该在图书馆建设之时就考虑到他们的需求，建设残疾人专用坡道、电梯、卫生间等。他们有些人仅仅是身体上与普通读者有异，但是，阅读能力良好。因为他们行动不便，可以采取送书上门、网上交流会等形式的阅读推广服务，尽量减轻他们因行动不便而不愿利用图书馆的心理负担。馆员在网上与他们进行有效互动，既可以在阅读上进行正确引导，也可以随时了解他们的阅读需求。

第六章 公共图书馆阅读推广准备与策划

第一节 公共图书馆阅读推广概述

一、公共图书馆阅读推广的意义

图书馆不仅仅是文献收藏空间,更是人们学习求知的场所。

我国图书馆事业体系由公共图书馆、大学图书馆及科研院所图书馆三大类型组成。公共图书馆面向全体人民,而且由于人们在探讨图书馆相关问题时,通常是以公共图书馆为对象。

公共图书馆由于通常是由纳税人的税款建立,因此就不能拒绝为纳税人提供服务,基本上自然人都是纳税人。因此,图书馆应该对所有的人提供无差别的公平公正的服务。美国图书馆协会(American Library Association,简称 ALA)在其1930年的公报中曾刊登过一份于1929年起草的伦理规范建议稿(Suggested Code of Ethics)。该建议稿指出,图书馆工作人员是图书馆与大众发生联系的解释者,既可能对大众提供文献帮助,也可能通过个人接触而对大众产生伤害。因此,图书馆工作人员应该对使用图书馆的所有人,无论种族、肤色、信仰或健康,都一视同仁,提供公平、公正及有礼貌的服务,不得有个人态度,不得有偏爱,更不能带有冷漠的官僚气息。直至2008年,这一规范经过了多次修改,最终确定为8条。这8条中有如下几点值得注意:①图书馆通过组织适当的及有用的资源、公平的服务政策、公平的获取,以及对读者准确的、无偏私的和礼貌的反应来为用户提供最高水平的服务;②图书馆力持知识自由原则,并且反对各种对图书馆资源进行审查的行为;③图书馆保护每一个用户在信息检索、接收,或资源咨询、借阅、获取及传递等方面的隐私及秘密;④图书馆尊重知识产权,并倡导在信息用户与版权持有者间权益的平衡。

图书馆要面向所有人开展服务,这一想法也为联合国教科文组织

(United Nations Educational, Scientific and Cultural Organization, 简称 UNESCO) 所吸纳。1949 年，联合国教科文组织通过了《公共图书馆宣言》(Unesco Public Library Manifesto)，认为公共图书馆是现代民主政治的产物，是一个民有民享的民主机构。民有民享的思想在其 1994 年由国际图书馆协会联合会 (International Federation of Library Associations, 简称 IFLA) 参与了的修订版中得到了进一步强化，表述为：每一个人都有平等享受公共图书馆服务的权利，而不受年龄、种族、性别、宗教信仰、国籍、语言或社会地位的限制。对因故不能享用常规服务和资料的用户，例如少数民族用户、残疾用户、医院病人或监狱囚犯，必须向其提供特殊服务和资料。修订版所确定的图书馆的使命还有如下条款：①养成并强化儿童早期的阅读习惯；②支持个人和自学教育以及各级正规教育；③提供个人创造力发展的机会；④激发儿童和青年的想象力和创造力；⑤加强文化遗产意识，提高艺术鉴赏力，促进科学成就和科技创新。

民有民享的思想表明，获得图书馆各类服务是民众享有的权利。而图书馆开展阅读推广，也不是一种可有可无的特别服务，而应当是一种义务。因此，图书馆开展阅读推广活动具有重要的意义。

(1) 阅读推广活动对人的阅读习惯的养成意义重大。据研究，人类的阅读习惯形成于儿童时期，尤其是四岁前后。在这样一个时段接触图书，可以让孩子一生都喜爱阅读。图书馆应想方设法吸引孩子。这也是为什么 IFLA 与 UNESCO 在《公共图书馆宣言》中将"养成并强化儿童早期的阅读习惯"放在其使命第一位的原因。

(2) 阅读推广活动对促进成人的终身学习意义重大。知识在不断更新，一个人要是不能持续不断地学习，就会逐渐游离于时代之外而跟不上发展。阅读习惯能帮助人不断学习。终身学习习惯的养成对人一生的发展至关重要。

(3) 阅读推广活动对促进人的自由发展至关重要。阅读推广活动除了促进人们阅读及学习习惯的养成，还能促进激发人们的想象力与创造力，或提供创造力发展的机会，也能增强人们的文化遗产意识，提高艺术鉴赏力。人们在不断地阅读和学习中，增长知识，进德修身，正如中国古人所谓"腹有诗书气自华"。人的自由发展意味着不能对人的创造力等方面设置太多限制。就图书馆来说，读者的阅读需求就是最大的工作动力。图书馆应以读者文献需求的满足为最大的工作目标，为此，图书馆对文献不能有限制，任何文献，只要收藏进图书馆，其目的就是使用，不仅不能有限制，还应当分类排架妥当，让读者方便获取。图书或者文献信息只有在流通中才能发挥其最大作用，正像美国图书馆协会颁布的图书馆伦理规范所言，图书馆应旗帜鲜明地反对针对图书资源的任何形式的审查，应保护每一位用户在信息检索、接收、或资源咨询、借阅、获取及传递等方面的隐私及秘密。当然图书馆更不能对使用者本身进行限制，人人生而平等，无论年龄、种族、性别、宗教信仰、国籍、语言或社会地位，以及健康，都享有平等使用图书馆的权利。

人的自由发展不仅对个人意义重大，对民族、国家及人类社会的发展也都具有重大意义。一个专制的社会，通常限制信息的自由流通，限制人的自由发展，常常想方设法设置信息获取障碍，制造不平等，制造愚昧，从而使一部分人听命于另一部分人；而一个自由的社会，则力求破除障碍，促成人的自由发展，使人各展其智，各尽其能，从而促成社会的进步。

公共图书馆的服务是针对所有人。在一些发达国家，由于从小就注重培养孩子的阅读习惯，所以通常到了大学，就不存在普通意义上的阅读推广问题。而在我国，由于应试教育的影响，基本上小孩从小就是为了考试而学习，阅读主要不是为了个人修养，而是为了提高成绩。这种将孩子当工具培养的方式使得不少孩子失去阅读的兴趣。因此，在我国，公共图书馆开展阅读推广活动存在着如上所述的培养阅读习惯、终身学习习惯及个人自由发展等方面的意义。

二、公共图书馆阅读推广存在的问题

（一）阅读推广领导小组流于形式

为了使阅读推广工作常态化，学界关于成立阅读推广委员会的呼声很高，甚至还有学者提出"在学校层面成立阅读推广专家委员会，在公共图书馆内设立秘书处并进一步成立阅读推广指导机构，设置阅读推广岗位，同时在各二级学院成立阅读推广工作组"的详细构建框架。图书馆也只是迫于获奖证书认可、读者参与活动请假等事务才与校内其他部门产生合作关系，读者也只有在活动开、闭幕仪式上才能见到领导，在活动策划、宣传、执行等

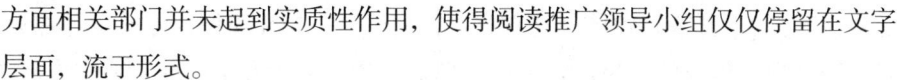

方面相关部门并未起到实质性作用，使得阅读推广领导小组仅仅停留在文字层面，流于形式。

(二) 未能精准把握读者的阅读需求

以需求为导向的活动才有可能成为读者满意的活动。图书馆可以通过问卷调查、座谈、电话、邮件等多种形式来了解读者的兴趣点和需求点。其中，问卷调查是能精准把握读者需求的一种方法，但因耗时耗力，被图书馆采用的频率并不高。通过电话、邮件来了解读者需求的方式也不常用，即使有，在读者中的覆盖面也十分有限。正是因为未能精准把握读者的阅读需求，所以出现了被图书馆看好且连年举办的专家讲座受到了读者的冷落。

(三) 活动形式单一，复合度不高

业界学人对116家"211工程"大学图书馆网站主页就阅读推广实践活动信息调查后发现，使用频率较高的前三种活动项目分别是书展、讲座和征文。可是，在读者眼中，这三种活动都在某种程度上存在着形式单一、复合度不高的缺陷。公共图书馆举办的图书展览通常都是针对某一主题选取相关图书在有限的时间内集中向读者展示，如中文新书展、外文新书展、精品图书展、污损图书展等，读者要做的只是观书、借书或购书。除此以外再无相关活动可参加，展览也仅起到图书推荐或警示教育的作用。许多图书馆开展的主题征文，如北京师范大学的"我和书的故事"、南京农业大学的"假如我是馆员"、石河子大学的"我心目中的图书馆"等，皆是单一型活动，读者要做的就是写文章，图书馆要做的就是评选，复合度极低，只能吸引擅长写作的读者参加，收到的征文篇数也相当有限。有了复合度的征文活动却大受欢迎。湖南人文科技学院图书馆由 Crazy 电影协会、读者俱乐部、青笛文学社、紫鸢文学社、碧洲文学社、浅草文学社共同承办的"文学名著电影欣赏节"活动，将名著阅读、电影欣赏与影评书评有奖征文活动有效复合，2015年该活动收到读者征文333篇，参与人次2000余次，校内反响良好。

(四) 传统活动宣传方式边缘化

每一项活动的推出，宣传是第一步。互联网条件下，网页、电子屏、微

信、微博、QQ群等新媒体宣传方式因传播迅速、操作简便、零成本等优势而备受推崇。传统的海报、宣传单、摆点宣传、下系宣传等方式因成本高、人力多而逐渐被边缘化。特别是摆点宣传、下系宣传、发放宣传单等方式日益淡出图书馆人的视野。事实上，"真人图书馆"每期的活动都会提前一周通过新媒体发布信息，而发放宣传单却只在活动前2~3天通过下系宣传、摆点宣传进行，宣传海报也仅张贴在大型教学楼、图书馆、餐厅等有限几个地方，这些传统的宣传方式反而取得了良好的宣传效果，这也从侧面反映了尽管智能手机、个人电脑在读者中相当普及，但这些先进的信息工具并未成为读者获取信息的主要渠道。研究显示，在纷繁复杂的信息活动中，极少有读者会对图书馆的每一个活动一一进行详细了解，他们更倾向于老师、室友、社团成员及朋友等熟人的推荐，通过人际传播途径传播的信息指向性更高，能够产生连带效应。这些都从某种角度反映了传统宣传方式的不可替代性。

(五) 活动效果评估单向肤浅

对活动进行评估总结是积累经验、提高阅读推广水平的有效手段。国外开展的许多阅读推广项目都十分注重活动效益评估。如美国的"一城一书"活动明确规定活动评估是活动的最后一个步骤，英国的Book Up阅读活动聘请专门的评估机构和评估人员进行全面评估。国内尽管有不少阅读推广活动，但是用实证方法来评估和重新设计阅读推广活动的研究几乎没有，CNKI检索也发现关于阅读推广评估的论文很少。实践中，公共图书馆无论是自己评估还是接受上级评估，常用的方式就是撰写活动总结，呈现的也只是图书馆投入的时间、人力、财力、物力、合作部门等看得见的浅层次数据，读者方面仅涉及读者参与人数，对于需要使用问卷调查、访谈等方式才能收集的深层次读者指标如读书兴趣是否增加、读书时间是否增加、读书数量是否增加、是否增加了新知识等基本没有；评估仅从图书馆角度思考投入问题，漠视读者的阅读变化及做出的评价，这种单向肤浅的评估方式显然不利于活动的改进和提高。

第二节 公共图书馆阅读推广活动准备

一、公共图书馆充分发挥阅读推广的主体作用

(一) 建设舒适优良的馆舍环境和阅读环境

阅读环境对读者的阅读能产生极大的影响。优良的馆舍环境、舒适的阅读空间、良好的阅读环境，可以让读者有家的感觉，从而使读者对阅读产生浓厚的兴趣，由心而发地想要在图书馆这个舒适、惬意的环境里阅读。而图书馆里浓厚、愉悦的阅读氛围，会让更多的人对阅读产生兴趣，这也是图书馆所要营造的环境目标。图书馆良好的设计和布置会使读者生出遨游书海的欲望，使图书馆成为人人向往的美好天地。

经典阅读需要人沉下心来，细细品味，反复揣摩，感受经典魅力。因此公共图书馆应该注重图书馆环境和文化的建设，通过阅读共享空间、经典阅读室等的设立，汇集图书馆馆藏经典著作，激发读者阅读经典的兴趣，与此同时，图书馆应建立阅读交流栏，以便读者交流读书体会，营造浓厚的读书氛围，使读者在优雅舒适的环境中休闲和自由交流，从而获得传统阅读的快乐。

馆舍环境的布置一定要宽敞、明净，馆内陈设上可以摆放古色古香的书桌椅，宽大的书桌上放一盏古典台灯，馆内适当地点缀一些人文景观，悬挂名家字画；图书馆的一隅可添置小桥流水盆景，整个图书馆内适当地栽种藤蔓植物、鲜花美化环境，将精心挑选的经典书籍摆放在人们触手可及的地方。

(二) 规范借阅制度

俗话说，没有规矩，不成方圆。图书馆的规章制度是图书馆实践的总结与概括，反映图书馆发展的客观规律，是图书馆馆员及读者的行动准则。它是合理组织图书馆工作，充分发挥图书馆职能的保证，也是图书馆实现科学管理的依据与准绳，是正确处理图书馆内部各种关系、发挥图书馆全体人员的积极性与创造性、提高服务质量和保证图书馆正常运行的手段。

图书馆针对读者服务一般都会有相应的制度。借阅制度、续借制度、预约制度、召回制度、馆际互借、超期惩罚制度以及豁免制度等可构成一个完整的借阅体系，它的合理、有序、健康运转，能够保障读者阅读需求顺利实现和阅读行为顺利完成。但是，目前我国许多公共图书馆的借阅制度存在着一定的问题，必须参考国外高校相关规章制度进行修改。如美国著名公共图书馆借阅制度的条款设定内容就很详备，各环节连贯一致，人性化贯穿于整个管理过程中。那些看似烦琐的制度条文，虽然会导致管理成本的增加，但一方面，它具有更强的可操作性；另一方面，其人性化的管理措施，使得工作人员和读者之间更亲密友好，让读者、资源与管理者之间形成一个良性的循环。在这个循环中，我们能够体会到美国著名公共图书馆制定借阅制度的目的很明确，那就是以读者为中心，提高文献的利用率。要贯彻"以读者为中心"的服务理念，首先应该从读者制度的人性化方面体现出来，只有从制度上体现，才能更持久、深入，更具操作性。

目前，图书馆有必要建立体例一致、形式规范、内容健全、语言标准的制度体系，各公共图书馆再根据各自的特点加以完善。特别需要指出的是，目前图书馆针对读者的有关借阅制度普遍存在的通病就是语言过分强势、生硬，这样多少会伤害读者的阅读热情。读者到图书馆本身就是一种值得尊重和鼓励的行为，对于可能出现的不规范行为，也应该注意措辞和语气。

因此，图书馆的借阅制度必须与时俱进，跟上时代发展的步伐，充分利用自身优势，充分考虑读者借阅的便利性，制定更加人性化的借阅制度，提高服务质量，发挥图书馆服务读者，服务教学、科研的作用，才能真正使图书馆的教育、信息服务和学术研究职能得到充分发挥。

(三) 加强阅读推广的宣传工作

宣传工作是公共图书馆的一扇窗口，是阅读推广过程的必然手段。宣传工作是指对公共图书馆及其提供的产品及服务的介绍，是现代公共图书馆工作的重要组成部分。公共图书馆开展宣传工作，一是可提高文献资源的利用率。宣传作为一种传递信息资源的方法和手段，可揭示图书馆的馆藏资源和网络资源，加深读者对信息资源的认识，使读者进一步了解图书馆的职能、作用、服务项目、规章制度等，从而激发其利用图书馆的热情。二是可促进图书馆的发展。通过宣传图书馆，展示图书馆人默默无闻、无私奉献的崇高职业形象，唤起社会对图书馆重要性的认识，赢得公众对图书馆人的尊重，增强图书馆人的自豪感和工作热情，使图书馆的发展获得强大的内在动力。

目前，公共图书馆通常使用的媒介可分为传统媒介、多媒体和社交媒介。传统媒介包括悬挂横幅标语、张贴海报、布展等；多媒体有电子显示屏、报纸、电视、通识平台、网站等；社交媒介有社交网站、QQ群、博客、微博、微信等。无论是传统媒介还是社会化媒体，公共图书馆都应根据自身需求结合自身的技术和管理水平选择几种或多种推广手段，将推广范围最大化。宣传要注意传递信息的新颖性、准确性和易用性。宣传还要有一定的计划性，在不同的时期，确定相应的主题，围绕主题开展各种宣传工作，用心营造友好氛围和创新服务，才能受信于读者，形成良性循环。

在这不断变化的形势和社会环境下，图书馆宣传工作应以提高服务水平和创新服务项目及方式为目标，应以向读者推广图书馆服务、满足读者需求为任务。宣传工作是图书馆长远发展中不可或缺的一项工作，尽管一部分公共图书馆受到经济、人力等方面因素的影响，宣传工作不尽如人意，但仍应克服困难，根据自身情况，尽可能地做好宣传工作，更好地为读者服务，努力提高图书馆在读者心中的地位。

二、充分了解读者需求，遵循客体的阅读规律

（一）识别读者的潜在阅读需求

提高读者满意度，实现公共图书馆发展的可持续性，可从识别读者的潜在阅读需求开始。读者的潜在阅读需求可以通过信息收集并进行调研分析，细化读者群体来识别。根据读者本身的属性，细化读者群体，分层管理。

作为年轻人，他们处在生理、心理、智力发展和世界观的形成期，生活独立性逐渐增强，思想较为活跃，思维、观察能力有所提高，自我意识较强。作为读者，他们接触的知识领域更加宽广而深入，其阅读兴趣、阅读目的受到毕业后继续求学或就业需求的影响。

图书馆可通过跟踪关注读者的历史借阅信息、检索记录、浏览记录，对

读者进行问卷调查,也可以通过提取图书馆论坛的读者提问发言等方式,以数据挖掘为手段全面了解读者的个人兴趣爱好、心理发展状态,确定读者的阅读倾向,为读者建立阅读档案,提供有针对性的个性化阅读服务。

(二)针对读者的阅读特点提供相应的阅读推广服务

根据哈佛大学教育学家珍妮·查尔提出的阅读素养形成的"五阶段模型",人们应进入"构建与批判"的阅读阶段,"构建"即通过对书本知识的融会贯通形成并完善自身知识体系;"批判"即通过对自身知识体系、思维脉络反复推敲,审视书本中的逻辑、思维脉络,在批判继承过程中达到自身修养、素质的升华。

由于人们群体心理存在跳跃性、求知性、交替性、猎奇性特征,容易造成其选择时出现困惑和迷茫。长期以来,过于追求实用的阅读模式限制了人们的眼界、视野、思维境界的发展,给阅读选择亦造成了相当的障碍。同时,由于自身专业领域、知识深度及层次的不同,人们会因阅读能力、理解能力、思考能力未达到相应标准而无法开展深度阅读。碎片式的网络阅读占据了人们越来越多的时间,大多数人拥有积极向上的阅读态度,对阅读的重要性给予充分肯定,但由于缺乏阅读的动力,导致阅读行为较为滞后。

人们的阅读还具有盲目性和随机性,没有一定的阅读方向,也没有形成固定的阅读方式和阅读习惯。随着网络的影响,现在更多的读者喜欢阅读的是短小轻松、易于理解的"网文",也就是"轻阅读",阅读的质量跟不上去,对于内容的独立思考能力和深度阅读能力有所欠缺。可见,当前人们的阅读状况不容乐观,主要表现为:阅读量小,阅读功利性强,重网络阅读、轻纸本阅读,阅读通俗化、快餐化等。这些缺陷严重影响了人们的阅读兴趣和深度,他们多为被动阅读,无法感受到读书的乐趣。但让人欣慰的是,现在大多数读者在阅读能力方面的自我期望较高,且能够认识到自身阅读能力的缺陷,希望通过专家指导或其他方式提升自身的阅读素养。因此,图书馆在阅读推广活动中要多动脑筋,面向不同阶段的读者开展有针对性的阅读咨询和指导服务,组织一些人们感兴趣的活动来吸引人们的关注,以此来提高人们的阅读兴趣。同时,图书馆也可以招收一些喜欢阅读的人参与阅读推广活动,让他们担任义务阅读推广者。

(三)建立读者阅读激励机制

(1)设立阅读学分制。阅读学分制度,是图书馆按照一定的标准,将读者在一定时期内的阅读情况转化为相应数量的学分,读者按照学分的多少获得图书馆一定的奖励和享受一定的服务的图书馆阅读管理制度。读者获得的阅读学分由图书馆专门人员进行登记汇总,在每学期末学校评比奖学金时计入总分,成为评比的一部分。同时当读者的阅读学分积累到一定数量后,可参加图书馆优秀读者及其他奖项的评比。"阅读学分制"有很强的趣味性和竞争性,能够激发读者的阅读兴趣,使其体验到获取知识的快乐,同时也可大大提高图书馆文献资源利用率。当然,阅读学分制的设置比较复杂,需要科学合理设置。

(2)"阅读之星"评选活动。"阅读之星"评选活动是通过图书馆借阅管理系统对读者借阅图书量进行统计,对于年底借阅排行榜前十名的读者,在征得本人同意后,图书馆将其个人借阅信息及读书感悟等汇总后在馆内宣传板上展示。图书馆为获得"阅读之星"的读者颁发荣誉证书,此外还提供一些其他的物质奖励,例如,获得印有图书馆 Logo 的精美纪念品,可以获得图书馆当年考研专用研习室的优先预约权,或提供一年的免费文献传递服务,或奖励图书馆电子阅览上网机时,或者可以跟随图书采购人员到书店里挑选图书等。榜样的力量是无穷的,图书馆利用榜样的激励作用,可以激发其他读者的阅读热情,有利于弘扬多读书、读好书的良好风气。

(3)搜书技能大比拼。在实际工作中发现,很多读者虽然接受了培训,但真正利用图书馆时依然感觉茫然,面对资源丰富的图书馆感觉无从下手,也有的读者不愿意认真查找资料,也不愿过于烦琐地利用图书馆。为唤醒读者潜在的能量,培养他们自我学习的积极性、主动性,图书馆每年举办"搜书技能大比拼"活动,比赛要求读者在规定时间内从书库中正确找到相应数量的图书,最终评选出获胜者,并给予相应的奖励。生动活泼的竞赛形式比传统的入馆教育、文献检索培训更有吸引力,更容易调动人们利用图书馆的热情,但该类比赛参与人数毕竟有限,受益的读者也只是少数。

(4)爱心图书漂流活动。图书漂流是一种源自国外的阅读方式,这种崭新的阅读方式在国内日渐受到推崇,越来越多的人参与其中。图书漂流是指书友们将自己拥有却不再阅读的书籍贴上特定的标签后，投放到公共场所，无偿地提供给拾取的人阅读。图书馆可利用与书商的业务关系，筹集用于漂流的优秀图书，同时向全校师生特别是毕业班的同学发出捐书倡议。为了鼓励同学踊跃捐赠，图书馆出台相应的规定，读者一次性捐赠多少本以上且符合馆藏标准的图书，将获得图书馆颁发的捐书荣誉证书。图书馆对于读者捐赠的回馈表达了图书馆对其无私付出和爱心传递的肯定，促进更大范围的知识共享和爱心传递。

三、阅读推广的基本保障

阅读推广工作已经成为图书馆的常规性工作。但是，如何做好阅读推广工作，仍然是摆在图书馆人面前的一道不小的难题。为了做好阅读推广工作，除了作为阅读推广主体的图书馆和客体的读者外，还要有以下几点基本保障。

（一）人力保障

图书馆阅读推广的资源管理问题，涉及场地、设施、资金与文献等资源，但最大的问题还是人力资源管理。阅读推广主要依靠图书馆馆员的主动性和创造性来推动服务的开展。阅读推广作为现代图书馆的服务内容，具有综合性、复杂性的特点，对图书馆馆员的要求远远高于外借阅览等传统图书馆服务，需要馆员不断学习、研究与思考。特别是从事阅读推广活动的馆员需要对各个要素及其相互关系拥有足够的认知，才有可能设计出有效的阅读推广活动。

图书馆应立足长远，采取更多长效机制促进阅读推广人力资源的发展。除了设立阅读推广专门岗位，甚至设立阅读推广部门，配备合适的推广馆员外，还可以发挥学科馆员的阅读推广优势。学科馆员制度已经成为许多公共图书馆的基本制度，是图书馆与校院系沟通的有效机制。从操作层面上来说，学科馆员是图书馆开展阅读推广活动的天然桥梁，比如学科博客的建立和维护。在公共图书馆的专业资源的阅读推广工作中，没有人比学科馆员更了解或善于沟通专业或学科方面的情况，这也是公共图书馆有别于公共图书馆的显著特征之一。

同时，还应该谋划阅读推广人才的培训机制。澳大利亚新南威尔士州为了提升图书馆馆员的阅读指导能力专门开展了一项培训员集中受训项目，受训者再回到原单位指导其他同事。培训活动对图书馆流通量、资源阅读、馆藏发展的促进作用显著。有了这样的人力保障，阅读推广工作的目标性和长效性才能更好地实现。

(二) 管理保障

阅读推广是图书馆的一项新型服务。同所有新型服务一样，当其处于萌芽状态，或处于其他主流服务的从属地位时，管理者的管理一般是放任的自发管理。在全民阅读的大环境下，阅读推广服务已然成为一种主流服务，需要管理者进行管理变革，从自发管理转向自觉管理。为推动全民阅读，更好地履行图书馆推广全民阅读的社会使命，图书馆管理者需要改变原有管理理念，将阅读推广纳入管理视野，对阅读推广进行顶层设计，图书馆管理者应给予阅读推广更加自觉的管理。

另外，阅读推广工作的开展，需要仔细规划和管理团队，需要团队合作，更需要管理人员有效整合好广播、社区、电台等可利用资源，也需要阅读推广主要负责人调动宣传、策划等各环节人员的主动创造力和参与度，特别需要馆长全面统筹，全方位参与协调图书馆内部及学校其他各部门的任务分工。图书馆组织结构中有独立阅读推广部门的，有利于阅读推广工作的可持续发展。图书馆无独立阅读推广部门的，只能以抽调方式组织，适合非常规性任务或项目管理模式，其自适应性表现在能全方位地配合完成阅读推广活动任务，但是需要临时负责人或主管馆长组织和协调前期策划、过程管理、后续统计评价以及处理好与日常工作的关系等管理保障。

(三) 技术保障

传统的图书馆管理模式与服务体制由于信息技术的应用，已然发生了改变，自动化、网络化、数字化成为现代图书馆的特征。现代图书馆是以信息新技术为根基，利用虚拟化存储技术提供快捷的数据服务，通过大众传播媒介、网络等信息技术为读者提供传统服务和电子文献服务。无论是传统阅读方式的信息推送和目录资源整合，还是碎片化内容的电子阅读，越来越离不开信息技术的支持。熟悉开发和综合利用社会化媒体已是图书馆拉近与读者距离的必不可少的手段，掌握应用信息技术是现代图书馆发展的必然要求。例如，借阅系统嵌入微信平台、RFID图书定位信息推送至桌面、屏面等，都需要专人建设、维护和跟踪；再如，APP版图书馆网站开发与应用，其推广、宣传、过程管理、跟踪、统计管理，都离不开信息技术的本体化。

阅读推广人员要时刻关注和学习图书馆信息服务支撑技术的发展和变化，顺应时代发展，不断探索信息新技术。同时，建立和改善智慧图书馆服务机制，营造良好的阅读氛围，在馆内大力培育以人为本、以读者为本的主动服务思想，形成智慧图书馆新的共识与发展动力。另外，在政策上加以引导，重视提升智慧图书馆服务内涵，加大教育服务功能，加快学习掌握新技术、新阅读载体，以求能够适应新技术、新媒介下的数字图书馆的快速发展，不断提高图书馆服务质量。

(四) 物质保障

公共图书馆在性质上属于国家公共事业单位，主要经费来自国家财政支持和地方财政拨款，因此不同地区的公共图书馆阅读推广服务水平差异较大，东部沿海地区公共图书馆的阅读推广服务意识和建设水平明显高于中西部公共图书馆。发达国家的公共图书馆，社会捐款和公益基金是其广泛开展阅读推广活动的重要支撑，因此，如何拓宽公共图书馆的经费来源渠道，是影响我国公共图书馆阅读推广工作开展的重要因素。

不同的阅读推广项目，所需求的物质支持也有所不同。一方面，公共图书馆从优化环境、资源建设到提供电子阅读器、笔记本电脑等移动设备免费服务，应最大化消除读者的物质障碍，以促进阅读，引导数字阅读；另一方面，公共图书馆可根据自身情况量体裁衣，在研究的基础上，做好方案，尽力争取学校的经费支持，或者优化组织方案。

在倡导全民阅读的大背景下，阅读推广已成为图书馆的根本性任务之一，"阅读推广是图书馆的生命力"这一论断，是对阅读推广及阅读推广人的高度肯定，同时也是一种鞭策，对公共图书馆阅读推广人提出了更高的要求，激励阅读推广人要以爱岗敬业的责任心，发挥阅读推广人的能力，将阅读推广可持续发展地进行下去。读者服务是贯穿图书馆工作的主线，是图书馆永恒的主题。随着科技的迅速发展，读者对信息的需求呈现多层次、多样化和个性化趋势。图书馆阅读推广工作如何为读者提供更好的、更完善的推广服务，这需要阅读推广人不断提高服务能力，研究读者服务的发展趋势和要求，需要研究读者服务的方法和技巧，才能在阅读推广工作中奉献自己的力量。图书馆只有提供阅读推广工作开展的必要条件，根据自身的优势，在研究读者需求的基础上，明确阅读推广的思路和途径，不断探索实现有效阅读推广的方法和保障，才能为书香校园、书香社会做出应有的贡献。

第三节　公共图书馆阅读推广活动策划

一、策划原则

公共图书馆开展阅读推广活动的目的是吸引人们的注意及参与，活动需精心创意与策划。详尽细致的策划方案是阅读推广活动顺利开展的保证。

（一）针对性与整体性的协调

每一项阅读推广活动都是针对一定的目标群体的。公共图书馆开展阅读推广活动，需要设定明确的目标群。人们的阅读倾向和规律因其所处年级以及知识积累程度的不同存在明显差异，应针对不同群体开展不同内容形式的阅读指导活动。客户细分是客户关系理论的重要组成部分，特别强调需求的差异性。推广对象分层越细，所做的工作越有针对性，就越能满足特定群体的需求。

阅读推广还要考虑整体性。包括：与图书馆服务宗旨协调一致，兼顾图书馆各个读者群体，阅读推广工作中的各个环节均具有整体性。人们层次不同，在策划活动时，要统筹考虑，不能只考虑某一个群体的需要，如不能只考虑新生的需求，也不能只考虑老生或毕业生的需求；在布局阅读推广活动时，要做通盘考虑，再做适当倾斜。例如秋季，考虑到新生入学，可以多布置一些面向新生的活动，适当地布置一些针对读者的活动。

（二）科学性与前瞻性的结合

阅读推广活动策划首先要确保导向正确、宗旨明晰，意在引导阅读和促进阅读。其次，阅读推广活动的策划内容和形式是具有可操作性的，图书馆在人、财、物上能保障活动顺利实施。

阅读推广活动的策划也要有前瞻性。除针对纸质图书等开展活动，还要时时关注网络化环境下新技术的发展及读者阅读习惯的变化，要跟踪数字阅读、掌上阅读、新媒体等的发展，创新活动形式，不断策划新的主题活动。

(三) 兼顾计划性与可持续性

阅读推广每一项活动都要进行很长时间的筹备。为保证活动质量与效果，一般情况下，要未雨绸缪，策划之初，就要考虑人员、经费、资源、甚至时间和空间等条件，提前为活动创造相关条件。

通过推广阅读来促进读者阅读习惯的养成、阅读文化的建设，是一个长期的过程，非一两次读书活动就能做到，所以阅读推广不应是应景、应时的节日型、运动型活动，必须建立起长效机制，在人员、经费、资源等方面做出整体规划和安排。在策划时，可以考虑将有些可反复开展的活动做成品牌，形成口碑。读者经阅读推广活动的反复刺激，可提高参与的欲望。例如，"一城一书"这样的活动就可持续性开展，可以以年、季、月、周等不同周期开展，周期不同，书籍不同，这样可以大大提高书籍的阅读率。

(四) 创意性与常规性的平衡

阅读推广活动的开展是希望引导更多的人参与，宣传推广活动具有创意，能极大地提升宣传效果。衡量宣传推广活动是否具有创意，要看它是否引起了人们广泛的共鸣，是否给人留下了深刻的印象及取得广泛的关注。

图书馆可定期策划一些创意性活动，阅读推广的策划，要打破常规，寻找创意上的突破，要能够抓住读者的眼球。在策划活动时，要求方案新颖、个性化、趣味化、富有挑战性，达到"惊异效果"。

但创意性活动要耗费更多的人、财、物，对技术也有更高的要求。图书馆也不可能所有活动都是创意性活动。阅读推广活动本就有常规与非常规之分。常规性活动，在图书馆内经常性地开展，较利于营造品牌和口碑。

图书馆阅读推广活动的策划，特别要注意在创意性和常规性间寻找一个平衡,将常规活动打造成品牌,在人、财、物条件合宜的情况下,开展创意性活动,达到锦上添花的效果。

二、策划模式

策划的模式不一而足,可以由某个人或一个团队策划,再经讨论定稿。策划需要创新,也切忌闭门造车。要开展多样化、精准化的阅读推广工作,则需内外合力,使图书馆资源与服务最大限度地被知晓、被利用。

(一)头脑风暴法

成功的推广方式首先需要创新性思维,在目前阅读推广活动需要经常有新点子注入的情况下,它更需要我们有创新和开拓的精神,具有独到之处,在形式或内容上形成突破。为激发创造力,图书馆在确定阅读推广议题后,由不同专业或岗位的人员组成小组讨论,在轻松融洽的气氛下,就活动方案自由发表意见和讨论。在较少限制的情况下,集体讨论问题能激发人的热情,人人自由发言、相互影响、相互感染,能形成热潮,突破固有观念的束缚,最大限度地发挥创造性的思维能力,碰撞出思想的火花。

(二)引入众包模式

众包模式产生于2006年,指的是机构或公司把以前由工作人员完成的任务,以自愿的方式外包给大众网络的做法;通俗地说,就是让更多的人参与一个机构的活动,达到集思广益的目的。有研究认为,图书馆在四个领域可应用众包模式提高图书馆服务水平,有效协助教学科研,其中就包括图书馆阅读推广服务。通过众包来吸纳不同文化背景的人员参与阅读推广创意的工作,有助于建立多元化阅读推广服务体系,提高阅读推广活动的创新性和包容性。特别是,从图书馆外部吸引人才参与,广泛挖潜,使他们参与合作过程,策划出适合同龄人心理的活动,吸引更多同龄人参加,可以帮助图书馆打开局面。

公共图书馆引入众包模式进行阅读推广策划具有一定的可行性。

在阅读推广的策划方面,引入众包,就是要集众人的智慧,让人人参与,贡献新创意。图书馆利用众包模式,广征活动创意,包括活动方案、活动名称、活动文案等，已有些成功的范例。

将读者和粉丝作为宝贵的资源，巧借外力，能使策划的内容更贴近读者的感受，更受读者喜爱。对部分技术或设计要求较高的项目，可以项目制的形式交给读者策划。

三、策划流程

(一)"知己知彼"，做好前期调研

1. 知己"——对图书馆的资源与服务特色进行梳理整理

策划人员，要对本馆的资源与服务有充分的了解，才能进行有针对性的推介。一种是依托大众性的资源和服务进行阅读推广策划，如结合好书榜、获奖图书等开展书展和读书会。一种是挖掘图书馆特色资源和服务进行阅读推广策划，推出专题活动。

2. 知彼"——了解读者才能进行针对性推介

新信息环境下，互联网上的新创意层出不穷，很容易转移读者的吸引力。很多公共图书馆在策划活动时，往往依据惯性思维，事先没有认真调查读者的阅读兴趣和实际需求，与读者沟通不足，用户体验偏少，欠缺双向深层次交流，导致策划活动的参与者较少。

图书馆要紧跟时代发展，了解"90后"的心理，融入快乐推广的理念，在图书馆与读者间建立一个亲和的"媒介"，搭建良性互动的平台，将活动的推广方式打造得活泼、有趣，迎合读者的喜好，从而与读者形成共鸣。

(1) 通过前期调研了解读者的需求。

阅读推广活动的前期调研很重要，强调以读者为中心，重视读者的体验，充分了解读者的阅读兴趣和阅读爱好，针对用户读者的兴趣爱好进行选题策划，让读者真正成为阅读推广活动选题策划的参与者。

通过观察或读者调查、访谈、座谈、设置建议箱、图书馆流通数据分析等方法，多方面了解读者需求。调研的方式可以采用问卷调查、有奖问答、现场采访调查等方法，可以通过社交网站、微信、短信、图书馆主页发放调查问卷、电子邮件进行调研，获取调查数据，也可以充分利用图书馆的官方微博和图书馆馆员的个人微博与读者互动，听取读者的意见。

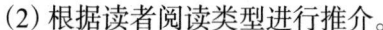

(2) 根据读者阅读类型进行推介。

读者阅读的类型可分为目的阅读型、从众阅读型、随意阅读型。目的阅读型读者有较明确的目的，根据需求选择图书，如阅读考试类书籍、英语学习书籍、论文写作书籍、小说等，这类读者往往有明确书单，图书馆可根据这类读者需求补充馆藏，引导其阅读更多相关书籍。从众阅读型读者，大部分是别人读什么，他就读什么。对这类读者可重点进行荐读服务。随意阅读型读者数量较多，这类读者到图书馆往往没有明确的目标，在书架中看到适意的书就随意看，一般也不会深入下去读某本书，这类读者可以开具书单进行引导。

(3) 阅读推广时机的选择。

阅读推广的时机选择很重要。例如对刚进大学的学生推荐论文写作方面的书籍，效果不会好，适时适宜地开展荐读活动才会有比较好的效果。每年9月份，大学新生到校，图书馆阅读推广的重点可以围绕大一新生进行，帮助大一新生更好地适应大学的学习和生活；每年11月份可以针对研究生进行开题或专业写作方面的书目推荐；5-6月份可以针对毕业生开展创业方面的书目推荐或讲座。

(二) 确定活动意向

图书馆阅读推广的总体目标是推广资源与服务，但一项具体活动的开展，需要有一个清晰的意向，这样策划才有方向。

从近几年阅读推广活动的开展来看，可初步将活动意向归纳为如下几种。

1. 引导阅读

引导阅读主要是开展专题书目推广或书展。这些活动策划主要立足读者阅读推广，倡导健康的阅读风气，兼具知识性、思想性和趣味性。

2. 引导学术、思想、文化的交流和分享

(1) 大型讲座。各类型文化讲座，促进文化传承和创新。

(2) 小型读书沙龙。欣赏艺文作品、分享阅读感悟、培养人文素养的阅读交流平台，强调交流分享。

(3) 真人阅读。以面对面的形式沟通，分享多样人生经历和感悟，励志成才。人即是书,书即是人,人书合一。

3. 阅读感悟和分享

(1) 读书征文。强调以阅读感想和阅读思考为中心,写出自己不同的见解和真情实感,可读性强,对同龄人有启发。

(2) 书评大赛。可以是不同主题的书评大赛,或网上微书评活动,字数不限,强调感悟。

4. 提升资源的推广利用

(1) 针对电子资源推广可举行"学术搜索之星"挑战赛,或数据库有奖竞答等活动。

(2) 针对纸本资源可举行"找书达人——图书搜寻大赛",或书山寻宝类活动,让新生通过游戏比赛的方式学习索书号知识,更快速、更准确地找到所需图书。

5. 加强阅读资源的循环传递

图书互换会、图书漂流活动可让读者各取所需,让书籍流动到最有需求的人手上。

6. 加强阅读的示范效应

"借阅之星评奖""读书之星比赛"等活动可以身边的实例激发读者的阅读兴趣。

(三) 确定选题

实践中,初步确定要开展某方面活动,如书展或读书征文,但面临"选题"时,往往又是一个难点,常常会为想不出一个好的主题而犯难。如果不想落入俗套,使活动接地气,且具有学术性、时事性、知识性、趣味性,可参考以下方法。

1. 关注社会热点

目前读者获取信息的途径很多,微博、微信以及各大主流媒体每天推送的新闻很多,图书馆如果能将活动与热点有机结合起来,能瞬间抓住读者的兴趣点。例如,在莫言获得诺贝尔文学奖后,图书馆推出诺贝尔文学奖获奖作品的推荐书目,能抓住读者眼球。2015年,借中国药学家屠呦呦获诺贝尔奖的契机,武汉大学图书馆一方面推出中医药书籍的专题书展,另一方面在信息搜索大赛中推出"屠呦呦发表的一篇文章《中药青蒿化学成分的研究》引用率很高,通过中国知网查找,这篇文章被引用了多少次?"这样类似的微博抢答,使图书馆瞬间吸粉无数,产生了相当不错的反响。

2. 关注文化机构的热点

一些文化机构,如新闻社、出版社、学校、书店等的活动和网站是策划人员需要经常关注的。年度好书榜、文学奖获评图书等都可以作为活动选题,由此策划一系列活动。例如,上海交通大学图书馆的"好书中的好书"主题书展,华中科技大学图书馆的新浪读书和凤凰读书网等媒体2013年好书榜推荐书单等,即为不错的选题。

3. 结合节日或纪念日进行选题

节日或纪念日通常蕴含着历史文化内涵或跟某个重大历史事件相关。借助节日或纪念日,可开展活动,可亲近传统文化,夯实文化底蕴,提高人文素养。例如,在端午节举办屈原古诗朗诵赛。上海交通大学图书馆曾推出"元宵节和图书馆在一起,猜灯谜,留感想,品美味活动";清华大学图书馆2015年3月8日推出"了解女性专题书架";2015年结合"纪念中国人民抗日战争暨世界反法西斯战争胜利70周年",武汉大学图书馆举办了相关的抗日系列书籍推荐阅读书目和书展;2016年是汤显祖和莎士比亚逝世400周年的日子,北京师范大学图书馆举办了"致敬大师:汤显祖与莎士比亚"立体阅读,融专家讲座、主题书展和影像展播于一体。这些活动都能引起读者共鸣,提高参与度。

(四) 实施策划

1. 整体规划

图书馆的活动基本可分为常规阅读推广活动、专题阅读活动,以及吸引人眼球的创意推广活动。图书馆根据自身特点,可开展不同层次的活动。

整体规划需明确的主要问题有:活动主旨、活动主题、活动时间跨度、活动组织方和合作方、活动主要内容、活动的进度、活动子项目的任务分工的落实、活动经费预算、活动预期效果、效果评估方法等等。整体规划主要从全局统筹阅读推广活动的内容和人力、财力、物力、技术、时间与空间等资源的分配。以上各项内容都要考虑周全,从必要性和可行性两方面进行决策。特别要注意在策划与实施间寻找平衡点，有些非常好的创意，囿于现实条件，往往难以实施，会导致半途而废。

2. 设计活动方案

在整体规划的统筹下，对于各个阅读推广子项目，还要设计具体的实施方案，实施方案一般由子项目负责人根据统一要求起草制定。实施方案解决的问题更加具体，包括要做什么，怎么做，以及事后的评估怎么做，都要说明。

要做什么，即确定活动主题，确定活动对象、活动内容、活动形式。

怎么做，即确定活动管理方式、活动人力安排、时间安排、活动奖励方式、合作方式以及活动宣传方式（纸媒宣传及微博、微信、图书馆网站、合作网站等新媒体的宣传）。

活动的主题要鲜明有力，活动名称要贴合读者的心境且朗朗上口，活动文案的文风要活泼幽默。

第七章 智慧公共图书馆阅读推广创新探索

第一节 区域图书馆阅读推广

全民阅读的深入开展对区域图书馆的阅读推广工作提出了新要求。本节分析了我国区域性公共图书馆、高校图书馆和中小学图书馆阅读推广的现状，指出实施阅读推广协同创新的必要性和可行性。针对新时代全民阅读服务的需求，从协同设计服务方案、携手创新服务方式、协同建设服务内容、建立多元化协同机制等方面，提出区域图书馆开展阅读推广协同创新的对策和建议。

随着党和政府大力推动文化事业改革发展，提升基层公共文化服务能力，全民阅读也进入一个新的发展阶段。阅读推广作为"全民阅读"的重要举措和图书馆服务的核心工作之一，在全国各地开展得如火如荼，并产生了积极的影响。但全民阅读还没有实现全覆盖，全民阅读的发展还面临一些问题。阅读推广工作是一项复杂的系统工程，仅仅依靠某一类型的图书馆，很难把阅读推广工作延伸到社会的每个角落，也无法触及每位公民，更无法满足每个社会人的阅读需求。因此，在新的时代条件下，阅读推广工作还需要不断地求新求变，推进服务主体向多元化发展、服务方式朝精细化转变、服务内容向丰富化迈进。各地区各类图书馆要从全民阅读的实际需求出发，加强相互间的合作创新，构建全民阅读推广服务新体系，协同开展阅读推广服务。

一、区域图书馆阅读推广的现状

（一）区域图书馆阅读推广的总体情况

"区域"是从行政区划角度来说的设区市及其所辖范围。我国区域图书馆主要有公共图书馆、高校（普通高等院校、军队院校、党校）图书馆和中小学图书馆，在部分大中城市还有科研图书馆。区域图书馆以前三类图书馆为研究对象，它是地方全民阅读推广的主体，其中公共图书馆主要是指设区市及其以下级别的公共图书馆（包括各级少儿图书馆）。公共图书馆面对的是所有社会民众，它们针对不同类型的读者，开展形式多样的阅读推广服务。例如，延伸服务空间时间、创设新型阅读空间、举办展览讲座和影视欣赏、推行数字阅读体验等。高校图书馆阅读推广以"立德树人，成长成才"为根本任务，以大学生课内外学习、学术研究和创新创业教育为落脚点，其最鲜明的特征就是活动化，积极利用新技术新媒体推广经典阅读和数字化阅读。中小学图书馆通过阅读推广活动，引导中小学生树立良好的读书习惯，了解和掌握阅读方法，将课外阅读内容有机结合起来，教育学生课后多读好书，增强课外阅读。

（二）区域图书馆阅读推广的成效与不足

"全民阅读"作为文化民生的重大举措之一，正在不断提升全民的文化素养，增添城市文化气息，助推乡村走向文明。在这样的环境下，上述三类图书馆立足实际，多措并举，以多种方式为不同层次、不同类型的读者提供了多样化的阅读服务。在诸多阅读活动中，涌现出了许多优秀案例。许多城市形成了以公共图书馆为龙头、大型书城为地标、基层公共文化服务中心和实体书店为支柱、小微读书点和线上阅读为补充的全民阅读公共服务体系，高校和中小学图书馆的阅读推广活动日益丰富，师生阅读情绪不断高涨，且在全民阅读推广中的主体地位日益凸显。

在区域图书馆全民阅读推广活动取得成效的同时，也应看到不足。虽然地方政府将全民阅读工作纳入国民经济和社会发展规划、城乡建设规划中，但由于条块分割造成的传统束缚，导致同一地区三类图书馆在阅读推广方面沟通不畅，还没有完全建立相互补充的长效合作机制，协同程度还比较低。即使馆际间有合作，也只是暂时的或针对某一项活动的合作。区域阅读推广活动范围更多地仅局限在各馆自身服务领域和服务对象上，难免造成活动方式的单一、活动内容的枯燥。

二、区域阅读推广协同创新的必要性和可行性

(一) 协同创新的必要性

1. 阅读推广的社会化需要多方协同

阅读推广的目的是促进全民阅读，提高民族文化素质，因此，阅读推广必然表现出社会化的特征。一个地方乃至整个社会的阅读风气，可以反映出该地居民的文化素养，要有效推动阅读，必须依靠社会各方面的配合和努力。目前阅读推广开展得有特色的地区，其推广主体明显呈现出多元化特征，并且往往是在地方党委、政府的领导下，各类图书馆、学校、群团组织、实体书店、出版发行企业和新闻媒体、社会阅读组织和个人共同参与。只有通过多方合作，发挥多方优势，共同创新阅读推广方式，打造优质的阅读平台，才能让民众分享阅读乐趣，交流阅读心得；才能推动增加优质文化产品和阅读服务的供给，更好地保障人民群众的阅读权益。可见，阅读推广是系统性的社会文化工程，需要多方力量尤其是图书馆之间的协同互助。

2. 阅读需求的多样化需要多方合作

在全民阅读时代，社会公众的阅读需求发生了很大变化。一是新时代的科技创新需要智慧、创造、创意，这必将推动教育改革，同时教育改革又将反哺科技发展。现阶段，教育面临着巨大的变革，而阅读必将会成为教育的核心内容，阅读能力的培养成为培养学生能力的第一位要素。以阅读来改变教育理念，需要学校、图书馆等机构和不同行业的专家、阅读推广人等多方的共同努力；同时，通过多方合作，克服图书馆自身在资源、人员、技术等方面的局限性。二是社会职场竞争促使广大从业人员不断汲取新知识，专业化的书籍成为这些用户阅读的首选，而仅靠一两个馆的资源难以满足用户需求。只有建立馆际之间的协同，才能及时提供可读的专业文献。三是新技术既改变了阅读资源的存在形式，也改变了人们的阅读方式。数字阅读已成为人们获取信息的主要途径，阅读内容日渐多元且趋于碎片化。图书馆要在阅读方式和内容上满足用户的数字阅读需求，必须加强区域内各类图书馆的深度合作，通过区域数字阅读新平台推送多样化的阅读服务内容。

（二）协同创新的可行性

1. 阅读推广协同具有良好基础

目前，国内许多公共图书馆和与学校教育专家、管理人员、学校图书馆员联手开展合作，共享馆藏，提供资源和服务。一些地区开展的阅读推广活动，尤其是每年定期举办的大型读书节，多是图书馆与多家单位的联合。多个地区已初步实现跨领域、跨部门的文化资源整合，共建共享的公共文化格局已基本形成。许多地区都建立了一些区域图书馆联盟，图书馆联盟合作主体日趋多元化，联盟形式也逐渐多样化。例如某市图书馆组建了以20多个读书社团为成员单位的"阅读推广人联盟"，这支推广队伍活跃在该市各个阅读领域，形成政府、社会、公众共赢的公共文化可持续发展机制。

2. 阅读推广合作具有新技术保障

新技术和新媒体的出现，为阅读推广活动带来了新的活力。一是新技术促进阅读推广图书馆网络系统的互联。我国的数字图书馆推广工程虚拟网就是各馆利用互联网链接，通过IPSEC VPN技术组成的虚拟网，该网实现了各节点的互联互通，让更多的读者享受到虚拟网所带来的方便、快捷的服务。二是新技术拓展阅读服务项目。某图书馆网上联合知识导航站，联合了该地区公共、科研、高校等图书馆及其相关机构，以因特网的丰富信息资源和各种信息搜寻技术为依托，以来自全国各地以及海外图情界的资深参考馆员和行业专家为网上知识导航员，通过加强特色馆藏资源和网络信息资源的开发和利用，实现各类图书馆网上参考咨询服务的优势互补；和邮政部门协作，开展借阅服务，用户只需要手机下单，通过EMS，在家就能收到想借阅的图书。"网上借阅社区投递"以RFID技术为基础并集成各种高科技手段，在市范围内选择社区投递点，将市民需要的图书送到居民身边。

3. 协同性的阅读推广有制度保障

全民阅读推广服务体系是多元主体为保障公民享有基本阅读权利而建立起来的一系列制度和系统的总称。党和政府高度重视全民阅读工作，《公共文化服务保障法》《公共图书馆法》《普通高等学校图书馆规程》（教高〔2015〕14号）和地方性全民阅读法规等法律法规文件的制定修订，既对全民阅读做出规定、提出要求，也为全民阅读推广活动提供了保障。如《公共图书馆法》规定，公共图书馆应当加强馆际交流与合作，国家支持公共图书馆开展联合采购、联合编目、联合服务，实现文献信息的共建共享，促进文献信息的有效利用；支持学校图书馆、科研机构图书馆以及其他类型图书馆向社会公众开放。《普通高等学校图书馆规程》则提出，图书馆应加强各馆之间以及与其他类型图书馆之间的协作，开展馆际互借和文献传递、联合参考咨询等共享服务；在保证校内服务和正常工作秩序的前提下，发挥资源和专业服务的优势，开展面向社会用户的服务。

三、区域阅读推广协同创新的举措

（一）协同设计阅读推广的服务方案

1. 协同制定常规阅读推广计划并有效实施

随着图书馆阅读推广的发展，阅读推广服务正从图书馆的创新服务、延伸服务日渐转化为常规服务。各办馆实体要由"一馆思维"转向"平台思维"，将区域图书馆打造为基层全民阅读服务平台。活动策划与项目设计要确保其针对性与可持续性，加强与学校、媒体、社会团体等的深度合作，吸引社会大众参与。针对一些常规性阅读活动，如科普知识讲座、学术讲座、民俗文化、作家专场、读书沙龙、高雅艺术欣赏、图文展览、精品推荐、"你选书我买单"等，区域图书馆学会（或联盟）可统一协调，优化各馆的服务计划。每年年初由学会理事长单位牵头，集中各馆当年的阅读服务计划，结合各馆的活动内容和服务对象的层次，去除重复项目，携手打造共性阅读服务项目。对于可以共享的服务，以一馆为主其他馆共享，譬如巡回展出类活动、民俗文化讲座等。

2. 共同策划大型读书节系列活动方案

现阶段，全国大部分地区文化宣传机构每年都举办大型的读书节活动，涉及本地区的中心图书馆、文化馆、书店、学校、出版社等多个部门、多家单位。大型读书节是有效推广"书香家庭""书香校园""书香机关""书香社区"等阅读活动的重要平台，区域内各类图书馆，尤其是这三类图书馆应是阅读活动的主角。各馆应积极参与系列活动方案的策划，方案要体现全民性，在活动内容和形式上要兼顾各类读者的参与度；在承办方式上，围绕读书节主题的系列活动项目可由三类馆分别承办或联合举办，形成多馆联动，助推全民阅读。对于统一设计、由各馆同时开展的某一主题活动，各馆可依据总体方案办出自己的特色。

(二) 携手创新阅读推广的服务方式

1. 搭建线上线下的协同互动阅读

随着微博、微信公众号、移动图书馆等技术的发展，线上阅读日益流行。近几年的实践证明，线上线下相结合的方式可以提高图书馆的社会影响力，扩大读者范围，有利于增强图书馆阅读服务的黏性。因此区域图书馆可以把现有的比较成熟的模式，通过线上线下结合的形式在本地区予以推广应用，让更多的馆、更多的读者加入统一的互动平台中。①新建或完善地区图书馆联盟的线上线下协同服务平台（大平台）。以新建或扩建的方式搭建协同交互平台，或者以某一个馆的服务平台为基础，将其他馆的资源与服务融入其中，让读者访问一个平台就可以了解并获取所有馆的资源及服务。②搭建跨馆的微服务子平台（小平台）。在大平台上建立微服务系统，集成区域内各馆的微博、微信服务平台、移动图书馆平台，增加各馆与读者的互动，既开展信息推送服务，又及时接受读者个性化要求，同时实现"免费送书进户""送资源入邮箱"。

2. 打造多方合作的体验式阅读

在新阅读时代，体验式阅读能打破封闭性的阅读模式，起到刺激阅读、增加读者交流的作用。区域图书馆要积极打造体验式阅读平台，通过与地方文化职能部门、新闻出版、社会公益组织等单位的多方合作，建立体验式阅读推广平台，面向社会机构以及民众推出体验式阅读活动。该阅读推广方式已在一些地区实施，值得更多图书馆去学习和借鉴。近年来，图书馆界推出了一项阅读推广服务设备——朗读亭，以朗读体验为主，集朗读、录制、演讲、训练等多功能于一体，是多领域跨界融合的产物，其业务模式极具创新性，它尊重人性，重视用户体验，这也是区域图书馆联合打造体验式阅读的新载体。

3. 拓展智能协同的阅读新空间

21世纪图书馆正在向智能化、智慧化方向发展，这也为区域图书馆阅读推广的智能化协同提供了强有力的技术支撑。从社会大众的阅读需求来看，自助的智慧型阅读空间——"24小时自助图书馆"，颇受广大读者的欢迎，这也是当前全民阅读推广中备受欢迎的服务方式。这是一种全开放、不打烊、高品位的自助服务体系和崭新的公共文化服务形式；这也是"政府主导、部门指导、社会参与"的协同模式。24小时自助图书馆（城市书房、城市书吧）是各级公共图书馆功能的补充，不仅提升了借阅的便捷度、阅读的享受感，更有效地拉近了书与人之间的距离。

作为阅读推广服务的新形态，24小时自助图书馆还有很大的提升空间。一是要扩大覆盖范围。许多地区的城市书房建设很少覆盖到高校和中小学，虽然学校有图书馆，但能够与社会共享的馆还不多。因此，区域范围内的三类图书馆还要加强与之沟通与合作，让"城市书房"这样的智能化阅读服务模式走进校园，扩大本地区学校与社区共用的阅读空间。二是要充实数字阅读。科技跟阅读相结合，让现代人的读书方式更加多样化，也促进图书馆服务方式的多样化。为促进新型的阅读向精细化和特色化方向发展，保持24小时自助图书馆的吸引力，各地已建和即将建设的城市书房等智慧阅读空间，要不断添置数字化设备，将现有的自助图书馆"升级"为数字化的书房。

（三）协同建设阅读推广的服务内容

1. 认识阅读服务内容建设的重要性

阅读推广的任务不仅仅是推广图书馆的资源——纸质图书馆、电子图书及音视频、游戏等多媒体信息，还包括阅读能力的提升、阅读兴趣的培养、阅读习惯的养成、阅读品位的熏陶和阅读氛围的营造。目前国内阅读推广似乎更加侧重于纸书阅读的推广，尤其是以读经典作为重点推广的内容，我们必须清楚地认识到，技术改变了阅读的方式和阅读内容，传统阅读和数字阅读共同构成获取知识的渠道。在"文化消费走向生活化，生活消费走向文化化"的新时代，虽然存在着以升学、求职、备考为目的的阅读现象，但以兴趣爱好和消遣娱乐为阅读目的的人群也在迅速增加。读书不只是为了工作与学习，读书同样是为了享受生活本身。区域图书馆只有同时深入了解人们学习性和非学习性阅读的需要，才能更好地加强阅读推广服务内容的建设。

2. 协同打造阅读活动的内容与服务

同一地区不同类型图书馆提供阅读推广的服务与内容有一定的差异性，只有展开多渠道、多方位的合作与交流，建立全面的阅读推广合作伙伴关系，才能全面推进本地区的全民阅读。①创新文献信息资源的合作途径。图书馆应充分考虑虚拟环境下人们的信息行为和信息需求，利用阅读推广协同平台，扩大区域性资源的共建共知共享范围。联合本地区各类图书馆共同建立实质上的区域"共享系统"，实现多项业务的协同发展；实现读者对各馆资源的一站式发现，学校师生通过公共馆及其分馆或其他学校获取纸质图书，公共图书馆用户也可以从学校图书馆借阅图书，同时实现数字资源的互访和下载。②扩大阅读活动的合作范围。除了共同利用社会资源外，在许多阅读活动中，各馆不仅共享书刊资源和设施设备，也可以共享人力资源。比如公共馆、中小学馆的知识讲座、学习培训辅导等，可由高校馆提供金牌阅读推广人，将学校的教书育人理念带入公共阅读服务领域。同样，由公共馆组织的阅读推广人，可将奋斗精神、劳模精神、工匠精神引入校园。③按读者层次开展协作性的服务。譬如，基于新的高考改革方案，公共馆可以引进外部的教育资源，推出针对课程的馆藏套餐，开设选修课，综合提升学生的素质、开拓学生的视野、帮助其适应如今的高考改革。通过协同互动平台，邀请中学教学名师和高校专家，让学生获取在线作业辅导和心理教育咨询服务等。

（四）建立多元化的阅读推广协同机制

随着全民阅读发展的深入推进，阅读推广的"协同创新"已成为发展过程中的关键之举。要深入推进阅读推广协同发展，全面提升全民阅读服务水平，就要勇于冲破思想观念的障碍，冲破利益固化的藩篱。无论公共图书馆还是学校图书馆、书店、出版社，一定要统筹协调相关部门，推动建立和完善各部门共同参与的工作协调机制，打造阅读推广协同创新共同体。①建立由地方政府部门与图书馆、其他媒体和民间读书机构的长效合作机制。地方政府通过制定全民阅读战略规划，以法律法规的形式来规范阅读推广，加大对阅读活动的财政投入，解决公共阅读设施不足、管理不当的问题，以相关政策鼓励社会力量参与全民阅读建设。②建立由图书馆、出版社和书店协同的阅读推广机制。出版社是知识的生产者，是阅读推广的源头。书店和图书馆是阅读推广的主力军，担负着向读者宣传、展示和推荐优秀书籍的责任和义务。所以，区域图书馆应主动与出版社、书店进行合作，通过选书、直借和书评等线上与线下相结合的活动平台，共创阅读推广新模式。③建立由图书馆之间密切合作的常规活动机制。区域内各类图书馆是阅读推广的直接力量，相互间的合作将实现以强带弱、多向联动的阅读服务新格局。通过区域图书馆联盟，建立联盟内馆员教育、人才培养和软硬件共享机制，协同开展全民阅读推广、公益讲座、展览及其他阅读活动。

综观社会上的各种阅读推广服务，从政府的行政性号召、各界专家的书目推荐、不同行业学者的辅导报告到社会上规模不一、形式各异的读书活动，都是主动性的阅读推广服务，都拉近了图书馆与读者的距离，助推了全民阅读。在深入推进全民阅读的新时代，阅读推广主体呈现多元化的特征，区域图书馆只有不断创新阅读服务思维，以协同创新的服务理念为指引，加强与阅读推广活动相关主体之间的合作，才能搭建起阅读推广协同的新平台。只有创新服务方式，才能更好地发挥社会资源的功能，激发区域馆的发展活力，形成上下合力、相互协同、整体推进的区域性全民阅读工作新格局。

第二节 利用新媒介促进图书馆阅读推广

随着媒介技术的发展，媒介组织进一步走向联合，"媒介融合"已经成为一个急速发展、影响极其深远的媒介生态现象。阅读作为传统媒介与新兴媒介都高度聚焦的领域，也不可避免地受到媒介融合的巨大影响，阅读对象从印刷型读物延伸到音频广播、模拟视频、数字多媒体读物，阅读活动的环境从固定地点、固定时段拓展到任何时段、任何地点，同时读者的阅读方式、思维模式、价值评判标准也发生着巨大变化。因此，面对传媒时代的剧烈变革，图书馆如何准确把握媒介融合的特点，有效发挥媒介融合的优势，从而更广泛、深入地推动阅读，是一个值得认真研究的课题。

一、利用新媒介开展阅读推广的特点

(一) 移动性强

以手机为主要代表的移动终端是新媒介在阅读推广中的主力。移动终端提高了信息传播的效率，增强了阅读推广的移动性。利用手机，读者可以随时随地获取阅读推广信息，观看并分享阅读推广信息内容。在读者群中，手机与手机间的分享互动，使得阅读推广范围扩大，加快了信息内容的传播速度，实现了新媒介在阅读推广中信息传播的动态化和移动化，提高了信息资源在读者群中的共享与传播。

(二) 富有个性化

数字时代，读者个性化意识越来越强，大众盲从的阅读心理渐渐消失，他们对阅读有主动选择的权力，借助信息技术他们可以轻易找到想要阅读的内容。读者寻找阅读信息时会留下印迹，如阅读的内容、访问的网页、个性化标签等，这些能让新媒介捕捉到读者的兴趣爱好。阅读推广主体会根据捕捉到的读者特点和需求，明确阅读推广的对象，有针对性地推送读者感兴趣的内容，满足读者个性化需求，促进阅读推广质量和效率的提高。

(三) 交流互动活跃

读者在阅读之余，渴望与其他阅读者交流互动，分享自己的阅读感受。交流互动促进了信息内容的广泛传播，这是新媒介进行阅读推广的重要途径。在新媒介中，读者可以根据自己的兴趣爱好与其他读者相互关注，建立互动交流，形成新媒介用户群。群体中的用户可以对进入群体的信息交流、互动、创造、传播。阅读推广主体可以与这些读者群相互关注，交流互动，这样，阅读推广主体发布的信息内容可以通过读者群中分享传播，吸引更多的读者关注到阅读推广活动。

二、新媒介环境下图书馆阅读推广面临着新的机遇和挑战

(一)读者获取信息与知识的途径日趋多样化

随着信息技术的快速发展,读者获取信息与知识的途径呈现出多渠道、多元化、多媒体的新特点。新媒介阅读作为一种重要的阅读方式日益普及,从在线阅读、电子阅读器阅读,发展到以手机、平板电脑等移动终端为载体的无线阅读。新媒介环境下,"读者的阅读需求活动对作为物理状态的图书馆的依赖程度明显降低,分布式数据库状态的虚拟图书馆在满足读者信息需求中发挥了巨大作用。学生足不出户通过移动阅读设施就能及时获取信息"。这些对图书馆开展基于新媒介、多终端的阅读推广服务都提出了新的要求。

(二)读者对图书馆的服务提出了更高、更深层次的需求

随着信息技术的高速发展和广泛运用,图书馆的馆藏形式发生了显著的改变,目前图书馆的资源建设正经历着从原始资源采购到资源授权、从图书馆自行采购到完全受用户驱动的演变,读者对文献信息的需求呈现出多元化的趋势,图书馆馆藏建设应本着以学生为本的准则,新媒介技术的发展给图书馆阅读推广带来挑战的同时,也为图书馆业务和服务的提升与发展带来了新的机遇,图书馆可以在更广阔的平台上拓展服务范围,创新服务模式,提升服务能力,推动业务发展。

三、利用新媒介进行阅读推广的策略

(一)提升馆员能力与强化部门整合相结合

立体式宣传报道要求对现有的宣传推广流程再造,深度整合校园内各种推广力量,无论是处于何种岗位的图书馆工作人员,媒介融合背景下的阅读推广都对其提出了"一专多能"的全媒体工作要求,不仅要具备妙笔生花的写作能力,能够轻松应对短篇网络新闻与长篇深度报道的写作,而且要具备优秀的摄影、摄像、音视频后期处理能力,还要熟练掌握全媒体营销运营能力,让阅读推广的作品更具交流性、传播性。强化部门整合主要是加强图

书馆负责阅读推广的宣传部门与学校宣传部门在阅读推广宣传方面的力量整合，这是由于这两个部门所采集的内容、宣传的重心、报道的形式以及用稿需求差异不大，从而可以联合组建后台编辑队伍进行统一的策划、整合、推广和营销。

(二) 组织丰富的新媒介阅读活动

图书馆在阅读推广中可以成立各种各样的读者新媒介阅读组织，如阅读指导委员会、读书会、读书沙龙、读者协会等，负责新媒介阅读活动的调查和指导，会同学校相关组织举办各种新媒介阅读论坛，定期邀请一些专家学者来传授新媒介阅读的方法、技巧；举办图书馆宣传服务月，邀请数据库商来学校做数据库资源利用讲座，以期提高学生利用图书馆资源的能力，提高他们的阅读层次。此外，还可举办阅读竞赛、阅读成果展、评选新媒介阅读之星等阅读活动，以各种方式来提高读者阅读素养。

(三) 建立学科馆员制度，提高服务深度

学科馆员是指具有学科背景、以学科划分业务工作和读者服务工作的新型馆员，他们既熟悉本馆所拥有的各种信息资源，具有较强的文献信息检索、组织能力，又熟悉各学科教学科研情况，在新媒介阅读推广中，学科馆员要深入对口的院系了解师生对馆藏数字资源的需求，最大限度地帮助他们解决问题，满足其阅读及科研的需求。学科馆员在服务上可以采取"走出去"的策略，主动联系自己对口的学院，定期组织学院的学生开展新媒介阅读的讲座，介绍图书馆的馆藏电子资源及网络资源的获取和利用方法以及图书馆所开展的一系列新媒介阅读服务，如图书馆开通的微博、博客，短信服务，RSS 推送服务，电子阅读器外借服务等。

(四) 注重新媒介阅读推广体系的多元化

一是新媒介各种平台的阅读内容要方便读者阅读、观看。如目前图书馆的微信公众平台的服务内容包括馆藏查询、通知公告、书证查询、图书馆推荐和热门借阅这几大板块，如能将美文阅读、经典作品赏析、历史文化及音乐鉴赏等内容直接放于公众平台，方便读者随时阅读欣赏，从而促进阅读

推广。二是通过新媒介开展网上阅读推广活动。图书馆可以将一些传统阅读推广活动转为线上活动，如微信读书会。传统读书会的开展受场次地域限制，而微信读书会则打破这种限制，只要读者使用安装了微信APP的智能手机，连接网络就可以免费参与。读者利用微信交流读书心得，讨论焦点话题，不依赖单一和单向的点对面传播，这种自由便利，有利于读书会的推广和普及，促进全民阅读社会风尚的形成。除此之外，图片影像展、在线阅读知识竞赛、各类读者调查活动等也可以在线上开展。

综上所述，图书馆应适应信息时代的发展，充分利用新媒介进行综合阅读推广，使阅读推广活动更有吸引力和生命力，从而提升校园人文气息，传播校园文化，营造阅读的环境氛围。

第三节 阅读立法中的公共图书馆阅读推广

用立法来保障阅读权利，建立阅读推广的长效机制，在国外早有先例，这包括了颁布专门的阅读法规，修订现行法律，或颁布相关部门法规来促进阅读。我国关于阅读立法已经取得重大突破，全民阅读立法已纳入国家立法计划。阅读立法环境下，对图书馆阅读推广工作提出了更高要求，需要图书馆及时顺应形势，转变服务理念和工作方式，切实做好公共图书馆阅读推广工作。本节主要结合实际情况，首先分析了阅读立法的必要性以及公共图书馆在阅读立法中所扮演的角色，最后分析了阅读立法环境下公共图书馆阅读推广对策，希望通过本次研究对同行有所帮助。

积极开展全民阅读对中国具有划时代的历史意义。我国全民阅读活动由浅入深，从小范围的推广扩展到全国性立法保障，政府及民众对全民阅读推广的重要性认识越来越深刻，从这一点表明，我国已经把促进全民阅读，扩大阅读范围，提升阅读质量，作为增强国家文化软实力的重要举措，全民阅读立法也被列入到了国家重要立法规划。将全民阅读计划纳入国民经济和社会发展规划中，实现了过去由零散到国家战略性部署转变，阅读推广工作开展过程中，由政府提供基本保障，阅读惠及每一个民众，并保证特殊群体、少数民族地区、边远地区群众的阅读权利，提升国家整体阅读水平。在阅读立法大环境下，公共图书馆作为阅读推广的重要机构，应充分认识到自身在阅读立法背景下所扮演的重要角色，及时调整图书馆阅读推广政策，切实做好全民阅读推广工作。

一、阅读立法的必要性

（一）阅读立法提升了国民整体阅读水平

法律具有强制性，阅读法律法规同样具有强制性。但阅读本身作为个体私人行为，不应受到法律的调整和规划。国家阅读立法的本质目的是要强制规范的并非私人阅读行为，而主要以法律手段保障社会大众阅读权利，促进私人阅读，提升国民整体阅读水平。因此，通过进行专门的阅读立法，对于高效推进我国全民阅读计划更好更快地实施，指导和统筹各地全民阅读开展都具有十分重要的现实意义。同时，阅读立法能够使全国范围的全民阅读推广活动的推进和开展有法律依据，并通过法律的引导作用鼓励地方根据实际情况，灵活对阅读推广活动作出调整，以达到提升国民整体阅读水平的目的。在阅读立法进程中，有些地方已经率先实现立法突破，使地区间的阅读立法得以真正实现。这些地方法律法规条款，在一定程度上补充了《全民阅读条例》，体现的是《全民阅读条例》的基本精神和基本原则，都是坚持以政府为主导，社会大众全面参与，社会广泛建设等方面对保障全民阅读实施进行了规定。

（二）阅读立法明确了权利义务主体

在阅读立法进程中，首先应明确权利义务和主体，尤其是要明确政府的责任和权利义务，及特殊人群的保障问题，制定完善的责任主体惩罚条款。首先，明确责任主体。阅读立法的责任主体是政府。要想确保全民阅读活动更好更快地顺利推进实施，就需要政府部门统筹规划，确定由下至上分级管理的模式，由国家政府统一领导，地方政府遵循指导意见，强制要求，根据地区实际情况发挥政府的主观能动性，灵活调整阅读推广活动，确保全民阅读能够顺利进行；其次，明确各方权利义务。阅读立法过程中会涉及责任主体、政府、相关组织以及公民。其中政府及相关组织主要以义务性条款作为约束，而公民主要是享有权利的一方；最后，制定责任主体惩罚条款。政府部门既然作为阅读立法的责任主体，应严格按照相关法律规范，履行自己应有的义务。当政府未按照国家法律规范履行应有的义务时，必须受到惩处。为了确保全民阅读推广活动的顺利推进，防止推诿拖延等情况出现，必须以法律形式明确惩处条款。

二、公共图书馆阅读推广在阅读立法中扮演的角色

（一）公共图书馆的场所和设施能够有效推动全民阅读开展

公共图书馆拥有较大的场所场地，部分规模较大的公共图书馆，甚至还拥有少儿阅览室、盲人阅览室、老年活动室、创意活动区等场所，能够满足各个年龄层次、各行各业人群在这里进行阅读。此外，随着以计算机互联网为代表的信息技术在各行各业成功应用，公共图书馆积极构建数字化图书馆，在图书馆内部，出现了众多包含电子期刊、电子图书数据库在内的电子文献资源。公共图书馆内部的科技设备，也能够满足社会大众的全民阅读需求，保障阅读推广活动具有多样性。

（二）公共图书馆是全民阅读书目的推荐者和采购者

《全民阅读条例》中明确指出，在开展全民阅读推广过程中，要发布包括数字化出版物在内的全民阅读基础书目和分类推荐书目。公共图书馆作为综合性的图书馆，应该将全民阅读指导委员会发布的全民阅读基础书目的部分或全部纳入采购计划中。在条例中明确规定了公共图书馆要向社会大众提供优秀读物。由此可以看出，公共图书馆在全民阅读书目推荐和采购方面扮演着十分重要的角色。一个地区的公共图书馆作为图书流通最多、读者量最大、与读者接触最为频繁的公共场所，对公众阅读需求、阅读偏好、图书流通价值都最具有发言权，在日常工作过程中，也需要经常做相关书目推荐活动。阅读推广过程中所产生的各种资源、经验在开展全民阅读推广过程中，具有很高的参考价值。因此，公共图书馆作为全民阅读书目推荐者和采购者当之无愧。

(三) 公共图书馆是阅读推广人才的培养基地

阅读推广人才并不一定是图书馆人,他们可以是任何专业任何阶层的人或组织。但公共图书馆拥有众多图书文献资源,对培养阅读推广人才有着自身得天独厚的优势。阅读推广人才不管是什么专业、什么阶层,这个群体共同的特性就是与阅读密不可分。而公共图书馆拥有广大的阅读载体,在开展相关阅读推广活动、讲座、展览时,也具有丰富的经验。因此,各个单位各个阶层在开展全民阅读推广过程中,通过和公共图书馆直接合作,或直接将公共图书馆作为培养基地,能够确保阅读推广工作更加顺利。

(四) 公共图书馆是阅读推广活动的辅助者

《全民阅读条例》中明确指出,积极鼓励各单位在组织内部开展全民阅读活动,并鼓励设置阅览室,吸引广大职工参与到阅读推广活动中。而对一些没有开展过阅读推广实践的单位来说,在最初开展阅读推广活动或设立阅览室时,往往会存在建设力度不足,建设流于形式的问题。而作为一个地区的公共图书馆,因为拥有丰富的阅读推广经验,能够为各组织开展阅读推广提供一定的借鉴,是地方各机关、单位开展全民阅读推广的辅助者和指导者。在具体工作开展过程中,公共图书馆可指导各单位科学分类采购图书,科学布置阅览室,并做好后期管理和阅读推广主题选取工作。

三、阅读立法大环境下公共图书馆阅读推广对策

(一) 多方面合作开展联合推广模式

公共图书馆作为全民阅读的主体,常常会独立开展阅读推广活动,推广模式较为单一,受到资金、设备、人员制约性较大,常导致全民阅读推广活动开展效果较差。目前,图书馆之间的合作、图书馆与出版单位、经销单位之间的合作较少,合作模式较为单一。而在阅读立法大环境下,使阅读推广主题进一步得到扩大,《全民阅读条例》要求政府、机关单位甚至更多组织团体全面参与到阅读推广活动中,实现全民阅读。在这一背景下,公共图书馆有机会与更多的团体一起开展阅读推广活动,以降低自身成本投入,确

保阅读推广活动更加多元化和多样化。在全新历史时期，公共图书馆要逐渐适应这种多主体联合推广的阅读推广模式，做到因地制宜，让阅读推广效能发挥到最大化。

(二) 建立阅读推广反馈机制

公共图书馆在开展全民阅读推广活动中，通过长期的阅读推广实践，势必会在社会大众中产生一定的正面影响，从而达到阅读推广应有的目的。但在具体阅读推广工作开展过程中，所制订的推广计划实施情况如何、获得了哪些具体效果，例如推广活动所涉及的未成年人的阅读量是否上升，特殊人群阅读推广活动是否照顾到等问题不能很好地解决，因此不能很好地衡量阅读推广效果。在阅读推广活动开展过程中，公共图书馆消耗大量人力物力财力，最终获得的结果不能进行定性定量评估，常常导致图书馆阅读推广活动流于形式。所以，在阅读立法环境中，构建阅读推广反馈机制十分必要。公共图书馆在开展全民阅读推广活动之后，能够收集到相应的反馈结果才能更好地对本次阅读推广活动进行全面分析评价，并在现有基础上对阅读推广活动做出改进，以期为后续活动开展提供参考。

第四节 "互联网+"时代公共图书馆阅读推广

伴随着"互联网+"时代的到来，人们的生活方式和阅读模式也发生了翻天覆地的变化，尤其是公共图书馆阅读推广工作，要面临市场带来的机遇和挑战，不仅要整合阅读平台，也要对阅读模式以及阅读资源等予以衡量和管理，充分发扬互联网精神。

一、"互联网+"概述

"互联网+"在政府工作报告中被首次提起，是一种多样化的组合模式，指的是互联网和各种传统行业融合的统称，需要注意的是，这个"+"的过程并不是简单的相加，而是两种行业的融合，借助互联网思维建构信息技术和互联网交流平台，整合传统行业发展趋势和互联网深度融合策略，从而形成新的行业形态以及领域。基于此,"互联网+"是对社会行业进行的深刻改革和创新,也是新时期各个领域发展的基本路径,要整合互联网资源和产业发展需求,才能顺应市场变革。无论是行业服务项目还是行业产品结构,只有从根本上满足互联网时代的目标,才能实现可持续发展,尤其是"互联网+图书馆",实现了传统图书推广行业的创新性变革。

二、"互联网+"时代阅读模式的转变

在"互联网+"时代,人们的阅读变化明显,图书馆常规化管理工作也要顺应人们阅读模式的转变需求,真正践行创新性发展和升级。

第一,阅读渠道得以拓展。在云计算和大数据时代背景下,信息化技术实现了全面优化,其中,新媒体技术不断发展,无论是信息传递形式还是信息内容都呈现出深刻变革的形态,基于此,信息的传播路径也实现了扩展和升级,信息的传递成本逐渐降低,而信息量则大幅度增加。在传统的信息整合结构中,阅读的基础性载体就是纸媒,无论是图书还是杂质报纸,都是结构固定的单一化信息传递平台。而在"互联网+"时代,信息传递借助互联网技术,在移动设备中进行阅读也成为主流。所以,阅读本身的扩展使得阅读渠道得以增加,全面整合单一化渠道以及互联网管理结构,就能建立健全更加系统化的信息传递媒介和平台,在多元化媒介体系内,无论是阅读还是资料处理工作都更加便利和有效,其选择性以及自由度的增加使得人们的阅读成本逐渐降低,阅读环境也实现了提升。

第二,阅读模式的转变,在新兴技术的发展背景下,传统的阅读渠道实现了多元化升级,使得人们的阅读渠道也随之增加,尤其是阅读模式和阅读习惯的改变,也助推了阅读模式的变革。人们从纸质图书、杂志以及报刊的阅读结构逐渐转变为平板、手机等阅读方式,正是由于新媒体的介入,使得整体阅读结构和信息整合机制更加轻松有效。也就是说,在零散化和随时性特征的推动下,人们的阅读模式也呈现出了较为新颖的变化。正是阅读模式的转变,推动了阅读结构的时代性发展进程。

第三,阅读效能的提升,伴随着"互联网+"模式的提出和升级,阅读结构和阅读体验不断丰富,使得数字化阅读结构更加有效,阅读环境也趋于友好,正是由于阅读成本的降低,使得参与阅读的人数逐渐增多,人们能借

助更加便捷化的阅读方式满足阅读体验。手机、平板以及电脑等智能化终端建立的差异化阅读载体成为时代发展的产物，人们阅读时间逐渐增多，借助互联网建立了知识点链接结构，也为知识点检索提供了保障，确保阅读内容更加丰富而整体互联网结构应用价值也更加便利，不仅完善了无障碍阅读和实时交流的结构体系，也为阅读平台的分享以及阅读体验的探讨提供了基础环境。正是基于此，在公共图书馆进行阅读推广的过程中，要充分掌握现代阅读群体的需求，建立精准化阅读机制，并且为人们提供更加人性化且个性化的阅读服务，保证推广效果全面升级的基础上，实现阅读效能的优化。

三、"互联网+"时代和图书馆阅读推广之间的关系

从20世纪90年代开始，图书馆在阅读推广工作开展过程中，就逐渐和信息技术相结合，有效分析纸质阅读资源的同时，开始进行资源体系的数字化处理。也就是说，借助互联网技术能对数字资源进行及时性的查询和检索，然后建立基本的阅读关系。人们对数字资源的需求量不断增大，数字资源要满足阅读需求，就要对现代化信息技术予以调控升级。基于此，互联网和图书馆推广项目之间就形成了互相作用和影响的关系，数字化阅读平台的升级要将互联网作为基本的支撑结构，不断整合网站资源、数据库资源以及新媒体资源等，对不同需求的阅读群体给予差异化服务，践行优质高效的信息整合管控机制，确保阅读精品成为主流内容。

另外，在社会节奏不断加快的背景下，有效整合读者的阅读需求，保证处理效率和分析机制的完整程度。在"互联网+"时代背景下，图书馆在阅读推广工作开展后，要真正建构兼容个人电脑、智能手机以及电子阅读器的移动化终端特色化项目，发挥其互动性以及智能性立体阅读推广体验，确保读者的需求和阅读愿景得以满足。除此之外，图书馆在新型阅读推广机制建立的过程中，要充分融合互联网集聚融合能力，借助不同平台展开阅读资源推广和宣传机制，实现管理标准的全面升级。

四、"互联网+"时代公共图书馆阅读推广项目

(一) 转变公共图书馆阅读推广形式

"互联网+"时代背景下,要想从根本上升级公共图书馆阅读推广水平,就要建立健全完善且有效的网络控制机制,整合资源体系的完整程度。

人们借助新兴媒体进行阅读的时间在增长,尤其是手机终端,人们将充分利用碎片化的时间进行阅读和信息提取,满足阅读需求。另外,作为信息传递的公共图书馆,也要充分发挥自身的价值和优势,融合现代新媒体平台的基础上,对线上线下资源以及服务体系予以判定,并且在信息推送以及实时交流方面建立全方位阅读体验和服务模式。

(二) 提倡"个性化"阅读推广机制

在"互联网+"时代,满足人们的个性化需求成为行业发展的主流趋势,因此,为了发展图书馆阅读推广项目,也要在尊重个体化差异以及阅读需求的基础上,保证用户体验得以满足。

在阅读推广工作开展进程中,要在互联网思维建构的同时,将读者的基础性需求和阅读体验作为根本以及项目发展的中心,有效落实分众阅读以及个性化阅读,在满足差异化需求的同时,也为开展阅读服务项目提供保障。针对差异化读者,落实兴趣爱好、阅读习惯以及阅读侧重点等基础性特征展开服务项目,提供相应的阅读资料以及服务,保证阅读实效性和基本需求。

(1)"互联网+"环境中,要对读者的年龄、学历以及工作背景等基础性信息进行统计,借助大数据分析推送相应的阅读资料和范围。

(2)建立大数据分析机制,能对读者数据库、网页以及信息搜索等项目的停留时间,以及阅读评论关注焦点等信息建立有针对性的阅读推送管理,在信息提取以及微阅读机制建立后,就能在信息提取后完善深度分析机制的实际价值,确保能全面了解阅读者的兴趣偏好,维护群体推广机制。

(3)借助数据处理技术,对利用率高以及闲置资源予以判定,全面分析阅读需求后就能展开系统化的资源整合以及优化措施,从差异性侧重点出

发，确保阅读推广的实效性。

例如，现代人更加热衷于公众号、微博等，其中不乏一些较为权威的书评和精彩片段，在满足读者阅读需求的基础上，也形成了良好的导向性作用，指导阅读者进行针对性的阅读。其中，一些新兴的"听书"软件也可以作为公共图书馆传递信息和图书数据的方式，借助相应的手段将图书内容转变为音频资料，有效整合资源体系的同时，也能为其提供全新的阅读体验和推广服务项目。

除此之外，公共图书馆可以定期发起"年度读者最爱的十本书"活动，不仅能对公共图书馆资源以及服务予以整合，也能对资源进行系统化推广，确保图书馆资源体系的完整程度。借助延伸传统阅读的推广措施和管理策略，能为读者和公共图书馆之间搭建有效的平台，保证阅读活动更加具有时代价值，也为阅读服务辐射范围的增大奠定坚实基础，建构系统化的网络平台。

（三）拓展渠道多样化

为了全面完善阅读水平，建构"互联网+"和其他领域的融合也成为新时期公共图书馆阅读推广的发展趋势。其中，智能手机、平板电脑、电子阅读器等基础性智能化终端结构，能保证阅读不受任何场景和场所的约束。

"互联网+"时代，互联网借助其连接数据信息的特点，为图书馆开放性需求提供了保障，也能在更加开放和有效的环境中实现合作，并且无论技术的发展方向如何，都能整合图书馆战略体系，确保服务的主动性和有效性，满足全天候服务理念以及要求的同时，保证阅读文化服务元素能被应用在不同的领域和行业内。基于此，组织机构和行业内部开始形成阅读意识，真正践行阅读推广和行业工作结合的要求，保证公共图书馆基本目标得以实现。

例如，图书馆和物流公司建立有效的合作关系，借助物流网络建立送书上门的点对点服务，以及通借通还的服务模式，能在节省读者时间的同时，从根本上激发阅读的积极性另外，将公共图书馆和电视台进行合作，借助无线电视网络设定有效的电视图书馆，从根本上满足人们足不出户就享受阅读的需求。公共图书馆在跨界合作中不仅仅是发起者的作用，同样也是最基本的服务供应者,在建立针对不同优势整合资源体系的同时,确保体验活动能为读者阅读兴趣的攀升提供保障。

例如,图书馆联合电子书商开展资源的收集以及整理,在流动量大的车站、购物中心以及文化广场等地区集中放置大型的电子图书阅读机,读者只需要一部智能手机,下载相应的电子阅读平台 APP,就能借助扫码直接阅读。这个过程十分简单,只需要几秒钟就能下载完毕,并且完成随时性阅读目标。在跨界合作体系中,公共图书馆作为资源的提供者,要结合实际情况和需求进行统筹分析和系统化整理,完善信息传递需求的同时,落实更加有效的空间处理体系,确保人们能借助闲暇时间进行轻松阅读,有效寻求突破。跨界合作结构中,充分发挥"互联网+"的优势和时代特征,建构更加多维且全面的阅读服务模式,提升一站式阅读体验,为后续工作的全面开展奠定坚实基础。正是借助这种协作化的合作机制,建立互联网结构下的公共图书馆推广管理措施,维护"互联网+"时代下阅读效果的升级。

(四)建立"互联网+"阅读推广路径

在公共图书管理阅读推广项目中,要想真正发挥"互联网+"的优势,就要整合营销机制,实现推广活动和信息的完整性目标。只有推广营销模式和多样性结构,才能在显著提升读者关注度的同时,维护阶段性营销效果。

一方面,建构微博营销路径。目前,微博作为信息传递以及发布较快的公众平台,人们在访问信息以及查询信息的过程中,还能对信息进行评论和转发等,真正实现了互动行为的实效性,在信息聚合以及传播速度共同建立以及维系的过程中,整合公共图书馆实际需求的同时,也为阅读推广工作的全面开展奠定了坚实基础。地方公共图书馆能借助微博建立书展、论坛以及读书推荐活动,强化推广效率和传播水平。

另一方面,建构微信营销路径,主要是指公共图书馆要开设微信公众号,建立定期群发短信机制,保证主页面具备关键词搜索和导航式菜单,以提高阅读效率和图书馆资源整合水平,建构活动通知结构,完善微信营销的整体水平。

除此之外,还要整合大数据阅读推广机制,在互联网技术不断发展的背景下,人们借助网络获取信息的同时,也能在图书馆了解读者的基本需求，从而建构更加系统化的读者数据库，借助读者注册的基本信息以及借阅信息，整合数据建立健全系统化的推送机制，深度挖掘读者的阅读需求。借助相应的营销推广手段，完善个性化服务水平，完善智能化阅读推广措施的完整程度，为后续技术分析以及阅读管理水平提升奠定坚实基础。

  总而言之，在"互联网+"时代背景下，公共图书馆要充分发挥信息技术的优势，尤其是对移动互联网的管理工作，要整合阅读效能和管理需求，建构阅读型知识型全民阅读机制，并且提高阅读综合水平。实现"互联网+"背景下阅读的常态化需求，整合时代图书阅读特征的同时，确保新媒体平台的维护工作能满足实际推广需求，推广更加丰富的阅读活动，将阅读转变为生活常态习惯。

参考文献

[1] 吴汉华，史佳，卫劭杰. 阅读推广理论与实践的探索与共识——中国图书馆学会第二届阅读推广理论研讨会及阅读与心理健康研讨会综述 [J]. 图书馆建设，2019，(1)：147-154

[2] 范并思. 论图书馆阅读推广的理论体系 [J]. 图书馆建设，2018，(4)：53-56

[3] 洪伟达，马海群. 图书馆阅读推广规范研究 [J]. 图书情报知识，2018，(1)：36-43

[4] 史艳丽. 高校图书馆社交媒体阅读推广实证研究 [J]. 图书馆论坛，2018，38(1)：86-91

[5] 魏秋慧. 我国高校图书馆阅读推广所存在的问题与对策研究 [J]. 现代交际，2016，(21)：131-132

[6] 张贤淑. 智慧图书馆阅读推广创新策略研究 [J]. 农业图书情报学报，2020，32(6)：42-48

[7] 张学梅. 基于智慧图书馆的阅读推广研究 [J]. 图书馆界，2018，(1)：81-84

[8] 张泽梅，吴斯佳. 图书馆移动阅读服务创新研究 [J]. 情报探索，2020，(8)：86-91

[9] 周伟. 智慧图书馆理论与实践 [M]. 长春：吉林文史出版社，2019

[10] 郑如冰. 智慧图书馆建设 [M]. 长春：吉林科学技术出版社，2019

[11] 白苏红，王爱霞. 智慧图书馆空间融合的模式与路径研究 [J]. 图书馆学研究，2020，(16)：9-16

[12] 鲍凌云. 智慧时代下图书馆的阅读推广工作研究 [J]. 菏泽学院学报，2020，42(1)：138-142

[13] 崔颖. 图书馆移动阅读服务需求的几点思考 [J]. 科学咨询(科技·管理)，2018，(2)：62-63

[14] 崔颖.全民阅读时代下公共图书馆移动阅读服务研究 [J].文化创新比较研究，2019，3(2)：82-83

[15] 朱白.智慧图书馆理论与实践创新 [M].咸阳：西北农林科技大学出版社，2019

[16] 高岩，景玉枝，杨静，康丽涛.智慧图书馆信息化建设理论与实践 [M].北京：科学出版社，2020

[17] 焦珊.智慧图书馆服务途径的实现及构建 [J].中国市场，2020,(24)：197-198

[18] 蒋琦.公共图书馆移动阅读服务模式研究 [J].河南图书馆学刊，2020，40(5)：25-26

[19] 靳国艳.智慧图书馆背景下弱势群体阅读推广研究 [J].六盘水师范学院学报，2020，32(4)：70-75

[20] 朱芳辉.浅论媒介融合语境下图书馆的移动阅读服务 [J].淮南职业技术学院学报，2018，18(1)：99-101

[21] 李婷.基于智慧技术的阅读推广创新模式分析 [J].河南图书馆学刊，2020，40(5)：2-3

[22] 李艳红.智慧图书馆优化服务策略研究 [M].长春：吉林文史出版社，2019

[23] 雷其荣.移动阅读的把关模式及其创新发展分析 [J].西部广播电视，2020，(16)：12-14

[24] 刘慧.智慧图书馆模式研究述评 [J].西南民族大学学报（人文社科版），2020，41(9)：234-240

[25] 刘路.智慧图书馆大数据与服务创新研究 [M].哈尔滨：哈尔滨出版社，2020

[26] 刘文英，郑福根.图书馆未来转型的若干发展方向探讨 [J].图书馆研究与工作，2020，(8)：51-56

[27] 陆丽娜，王玉龙.智慧图书馆 [M].哈尔滨：东北林业大学出版社，2017

[28] 孟令博.探析智慧图书馆微服务体系建设框架和策略 [J].河南图书馆学刊，2020，40(7)：108-109+112

[29] 孟晓丹. 智慧图书馆建设与智慧阅读推广研究 [J]. 信息记录材料, 2019, 20(9): 231-232

[30] 庄革发. 智慧图书馆理论与实践 [M]. 沈阳: 辽宁大学出版社, 2019

[31] 吴博. 智慧图书馆信息资源建设研究 [M]. 长春: 吉林人民出版社, 2018

[32] 吴晓杏. 图书馆智慧阅读推广模式的实践应用 [J]. 科技传播, 2019, 11(22): 174-175

[33] 王博雅. 移动阅读服务质量评价体系研究进展综述 [J]. 新世纪图书馆, 2019, (1): 86-91

[34] 王大壮. 智慧图书馆阅读推广服务创新策略研究 [J]. 图书馆学刊, 2018, 40(3): 99-102

[35] 王庆. 移动阅读环境下的图书馆服务探究 [J]. 佳木斯职业学院学报, 2018, (8): 489-490

[36] 汪鸿桢, 易雨婷, 陈维超. 移动阅读趋向下构建全民阅读社会的可能性与路径 [J]. 北方传媒研究, 2020, (3): 69-72+84

[37] 闫景丽, 张腾跃, 黄明清. 论智慧图书馆及服务模式的构建 [J]. 现代商业, 2020, (23): 41-42

[38] 杨跃, 瞿晓林, 袁桂. 论图书馆移动阅读服务体系的构建 [J]. 教育观察, 2019, 8(16): 46-47

[39] 殷剑冰. 移动阅读对读者行为和图书馆服务的影响 [J]. 图书馆学刊, 2019, 41(7): 91-94

[40] 于春萍, 张新宁. 图书馆阅读推广面临的挑战——基于国民阅读需求的分析 [J]. 图书馆研究, 2019, 49(6): 84-89

[41] 赵发珍, 杨新涯, 潘雨亭. 智慧图书馆系统支撑下的阅读推广模式与实践 [J]. 大学图书馆学报, 2019, 37(1): 75-81

[42] 赵肖. 移动阅读视角下文学阅读 APP 运营模式探究 [J]. 齐齐哈尔大学学报 (哲学社会科学版), 2020, (7): 158-160

[43] 张海波. 智慧图书馆技术及应用 [M]. 石家庄: 河北科学技术出版社, 2020

[44] 张源. 基于 5G 时代的智慧图书馆建设模式与路径研究 [J]. 现代信息科技, 2020, 4(14): 119-120+124